매일 바쁜 당신은 왜 아직도 가난한가

돈, 시간, 사람을
내 편으로 만드는
7가지 힘

이현호 지음

BM 황금부엉이

100명 중 99명이 가진
오만과 편견

**만인이 좋아하는 책은
언제나 불쾌한 냄새가 난다.**

니체《선악의 저편》

사람들 대부분은 다른 누군가가 설정한 방향에 따라 살아간다. 나도 그랬다. 그러다가 대학에 가면서부터 조금씩 변했다. 스무 살 이후 우연히 만난 철학은 이런 생각을 더욱 단단하게 만들었다. 과연 우리가 알고 있고, 믿고 있는 것이 진리일까?

우리는 하루에도 오만 가지 생각을 한다. '생각'이라고 말했지만, 인식하지 못할 뿐 사실 오만과 편견이 대부분이다. 신호등은 빨간색일 때 멈추고, 파란색일 때 건넌다. 아니, 정확히는 초록색이다. 그런데도 우리는 왜 파란색이라고 말할까? 파란색이라고 배워서 그렇게 말하는 것뿐이다. 신호등의 초록색을 파란색이라고 해도 사는 데 지장 있는 건 아니고, 왜 파랑이라고 하냐고 따지는 사람도 없으니까. 하지만 삶에 지장이 있을 정도의 사안이라면 어떨까?

무지는 지식보다 더 큰 확신을 갖게 한다.

찰스 다윈

최근 몇 년간 부자 100여 명, 부자가 되고 싶은 일반인 1,000여 명을 만나 대화했다. 그 결과 같은 상황에 대한 두 집단의 생각과 판단이 전혀 다르다는 걸 알게 되었다. 두 그룹을 상대하며 거액의 투자를 제안받기까지의 경험과 깨달음을 정리하고 싶어서 이 책을 만들게 되었다. 우리는 '잘 살고자' 하는 각자의 목표와 기준이 있다. 내가 '나답게 존재하고자' 하는 욕망도 있다. 그런 욕망이 없다면 당신은 이 글을 읽고 있지도 않을 것이다. 이 책이 당신 자신을 아는 데 도움이 되길 바란다.

우리는 누구나 각자의 위치에서 바쁘게 살아간다. 그럼에도 분주한 삶은 가난을 벗어난다는 보증이 되지 않으며, 부자로 가는 추월차선이 된다는 의미는 더더욱 아니다. 당신이 매일 열심히 살고 있는데도 불구하고 여전히 '가난'하다거나, 부에 대한 확신을 갖지 못한 상태라면 삶의 방향을 잡는 데 힘이 될 내용일 것이다. 이제, 시작해 보자.

이 책을 읽고
절대 동기부여가 되면
안 되는 이유

숱한 자기계발서, 부자 되는 법, 마인드컨트롤,
인간관계론…….
이런 책들이 실은 '판타지'라는 것 (중략)
정신을, 영혼을, 인생을 병들게 하고 헛되이 소진시키는
그 야바위 놀음을 생각하니 머리가 어지럽다.

시인 황인숙

동기부여와 자기계발. 하루를 의미 있게 살고 싶어 하는 사람들이
라면 이 2가지가 중요할 것이다. 하지만 지금 이 책을 읽고 있다면 그
저 '동기부여'에서 멈추지 않았으면 한다.

If you're looking for self-help,
why are you looking for a book
written by somebody else?
That's not self-help, that's help.
- George Carlin

만일 당신이 '자기계발'을 원한다면
왜 '다른 사람'이 쓴 책을 읽습니까?
그건 자기계발이 아닌데요?

코미디언 조지 칼린

    동기부여란 무엇인가? 자기계발까지 포함해 생각해 보자. 내가 생각하는 동기부여는 '멘탈 포르노'에 불과하다. 포.르.노? 맞다. 야동이라는 이름으로 더 익숙한 바로 그 장르.

    섹스하지 못하거나 귀찮거나 번거로워서 보는 것이 포르노다. 이렇게 경제적이고, 효율적인 대체재가 없다. 혼자서 쉽고 간편하게 해결할 수 있으니까 말이다. 성적 쾌락을 인스턴트로 만든 것이나 다름없다. 요즘 대세인 먹방도 비슷하다. 음식을 직접 먹지 못하거나 귀찮거나 번거로워서 보는 것이 '먹방'이 아닐까. 어쩌면 다음에 먹을 걸 찾기 위해 미리 보는 건지도 모르겠다. 야동도 그런 이유를 붙일 수 있다. 그렇다면 대리만족을 위해서 보는 먹방은 '푸드 포르노'다. 과거에는 각

음식의 매력을 전하는 내용이 대부분이었다. 하지만 요즘 먹방은 어떤가. 그저 먹는 행위만을 부각한다. 얼마나 많이 먹는지, 맛있게 먹는지에 더 초점이 맞춰져 있다. 그렇다면 야동과 뭐가 다른가.

동기부여, 야동, 먹방의 공통점이 자연스럽게 도출된다. 지금 당장 실행하기 어렵고, 실행을 통한 만족을 느낄 수 없을 때, 간편하고 쉽게 도파민을 뿜어내기 위한 1차 수단일 뿐이다. 인류는 신체와 두뇌 모두 생존을 위해 효율적으로 진화해 왔다. 동기부여를 '멘탈 포르노'라고 일반화하고 싶은 게 아니다. 나 역시 순기능을 이해하며, 도움을 받았다는 사실까지 부정하진 않는다. 야동을 보지 않고 섹스할 수 있다. 먹방을 보지 않고 직접 맛집을 찾아가 먹을 수도 있다. 하지만 시행착오를 거치고 싶지 않기 때문에 우리는 '예행연습'을 한다. 거기까지는 인정!

문제는 야동을 보고도 연애라는 시행착오를 거쳐 사랑의 가장 강력한 수단인 섹스까지 이어가지는 않는다는 점이다. 먹방을 보고도 직접 맛보기 위해 검색하고, 후기를 확인하고, 요리하거나 맛집을 찾아가는 수고스러운 행위로까지는 이어지지 않는다. 인간은 원래 낯선 것을 두려워하므로 예행연습의 목적까지 부정하고 싶지는 않다. 하지만 문제는 예행연습만 하고, 진짜 실행은 없다는 것이다. 집에서 스마트폰 하나로 성욕을 대체하고, 식욕을 대체한다.

먹방을 보고, 배민에서 바로 그 음식을 주문했으니 실행한 거 아니냐고? 그래, 잘했다. 하지만 전국의 진짜 맛집은 배달로 해결할 수 없다. 이유는 간단하다. 배달 안 해도 먹을 사람들이 줄을 서니까. 당신이 봤던 야동에 등장하는 이성을 현실에서 만날 수 있는가? 불가능하다. 아름다운 몸매의 그 이성 앞에는 경쟁자들이 줄 섰을 것이다. 성공까지는 아니더라도, 현재 삶에서 조금이라도 나아지길 바란다면 한 가지 사실은 인정하자. '실행은 ○나게 힘들고 어렵다.' 물론 나도 마찬가지다. 하지만 이걸 인정하는 사람과 인정하지 않는 사람의 삶은 하늘과 땅 차이다.

세상에 쉬운 게 있을 리 없다. 콩 심은 데 콩 나고, 팥 심은 데 팥 난다. 시간을 단축할 방법도 없다. 자연의 섭리가 그렇다. 음식을 만들어먹는 시간을 줄이기 위해 나온 게 인스턴트와 패스트푸드지만, 아쉽게도 몸에 좋지는 않다. 건강을 담보로 시간을 얻은 결과다. 나는 최근에 평소 먹던 음식 패턴을 완전히 바꿔서 몸에 좋은 것을 골라 먹고 있다. 가공식품을 줄이려고 노력 중이다. 3주쯤 지나니 몸이 달라지는 걸 느낀다. 안색부터 다르다. 저절로 그동안 시간을 벌어준 대신 희생한 것들을 되돌아보게 되었다. 시간을 얻는 대신 다른 것들에 부정적인 영향이 간 건 당연하다. 그게 세상 진리다.

이런 이유로 이 책이 당신에게 '동기부여'로 작용하지 않길 진심으로 바란다. 이 책 역시나 잘 짜인 '멘탈 포르노'가 되는 걸 원하지 않는다. 이 책에 있는 것 중 딱 하나만이라도 기억하고, 실행에 옮기자. 무엇보다 당신이 원하는 게 있다면 무엇을 대가로 지불할 것인지를 생각해 보는 계기가 되었으면 좋겠다.

제발 살아라,
남의 인생이 아닌 너의 인생을

皆知善之爲善 斯不善已

개지선지위선 사불선이

세상 사람들이 모두 좋다고 하는 것을 좋은 것으로 알면

이는 좋지 않다.

노자《도덕경》2장

자기계발은 정말 '자기' 계발일까? 대부분은 자기가 진짜 원하는 게 뭔지도 모른다. 원하는 걸 안다 쳐도, 그걸 위해 필요한 게 뭔지 적극적으로 찾지 않는다는 게 더 심각하다. 이 글을 읽는 당신은 누구를 따르는가? 누군가를 멘토라고 생각하고, 그가 알려주는 대로 하면 될 것이라는 믿음이 있을까?

신사임당, 자청, 대학생 김머신, 돈버는 비밀 정다르크, 안대장, 김

미경 등 자기계발에 관심이 있다면 한 번쯤 들어본 이름일 것이다. 당신은 이들을 포함한 누군가의 방법론을 믿고, 그의 말에 따르기로 했다. 그들은 '노하우'나 '비밀'이라며 당신에게 방법론을 설명한다. 여기서 첫 번째 상식적인 질문을 던져본다.

돈을 벌기 위해 피해야 할 것은 무엇일까? 10초만 생각하고 다음으로 넘어가자.

정답은 바로 '경쟁자를 줄이는 것'이다. 경쟁자를 줄이거나 없애려는 행동은 대기업뿐만 아니라 길거리 장사도 마찬가지다. 장사하기 위해 '목 좋은 곳'을 찾아 여기저기 돌아다닌다. 사람은 많이 다니는지, 주변에 비슷한 업종의 가게는 없는지도 알아본다. 유튜브나 책을 통해 위에 언급한 사람들을 접했을 것이다. 자기 방법 대로만 따라 하면 제2의 월급이 생긴다고 한다. 수강생 성공사례도 보여준다. 이들은 왜 이러는 것일까? 그들 나름의 이유가 있을 것이다. 그럼, 두 번째 상식적인 질문에 답해 보자.

당신이 진짜 100% 돈 되는 방법을 알고 있다면 유튜브를 통해서 대중들에게 공개할 것인가? 생각할 필요도 없는 질문이다.

진짜 돈이 되는 '기회'를 남에게 알려주고 싶다면 당신은 이미 돈이 많거나, 앞으로 돈을 많이 벌 생각을 접었을 가능성이 크다. 그것도 아니라면 제정신이 아닐 것이다. 세상 그 무엇과도 바꿀 수 없는 내 시간을 투자하고, 내 돈으로 촬영 장비를 구매하고, 편집까지 해가면서 알려준다고? 왜? 정답은 당신의 관심을 사로잡기 위해서다. 구체적으로는 당신의 '시간'을 사로잡기 위해서다. 앞으로 자세히 설명할 '시간 뺏기' 전략이다.

단순하게 보자. 우리가 유튜브 동영상을 시청하면 그들에겐 광고 수익이 생긴다. 시청 시간이 늘어나면 알고리즘의 추천을 받게 된다. 그러면 구독자가 더 늘고, 점점 '추종자'라는 팬층이 모이게 된다. 사람을 많이 모으면 돈이 된다는 것쯤은 들어봤을 것이다. 이 작업의 핵심은 바로 '시간'이다. 사람들의 시간을 뺏으면 뺏을수록 이익은 커진다. 인간은 관심 없는 대상에게 시간을 쏟지 않는다. 반대로 시간을 쏟는다는 것은 관심이 늘어난다는 말과 같다.

명제: 인간은 관심 없는 대상에게 시간을 쏟지 않는다.
역: 인간이 시간을 쏟지 않는다는 것은 관심 없다는 뜻이다.
대우: 인간이 시간을 쏟는다는 것은 관심이 있다는 것이다.
- 논리학적 증명

사람이 많아지면 자기 생각에 대한 믿음은 점점 공고해진다. 군중심리와 같다. 우리가 구독자수를 보고 구독 여부를 쉽게 결정하는 것, 대형서점의 베스트셀러 목록을 보고 책을 집어 드는 것, 자주 광고로 접한 상품을 구매할 가능성이 높은 것 역시 모두 같은 맥락이다. 그들은 당신의 시간을 빼앗고 있다. 돈이 된다는 것을 확실히 알고 있기 때문이다. 하루에 몇 시간이나 스마트폰을 보고 있는지 계산해 본 적이 있는가? 하루에 얼마나 자주 카카오톡으로 대화를 주고받는가? 잘 생각해 보자. 현대 비즈니스는 당신의 하루를 '교묘하게' 갉아먹기 위해 노력하고 있다.

누군가의 시간을 빼앗는다는 걸 찬찬히 들여다보면 과거의 노예와 다르지 않다는 걸 알게 된다. 노예의 삶은 주인의 소유다. 주인은 노예의 시간을 이용해 돈을 벌었다. 당신의 시간, 돈, 열정을 통해서 과연 누가 돈을 더 벌었을까? 당신이 아닌 당신이 결제한 '그 사람'이다. 누군가를 추종하는 무리에 속하면 절대 그 누군가보다 돈을 더 많이 번 사람이 될 수 없다. 그 사람에게서 벗어나야만 가능한 일이다.

진짜 돈 되는 방법을 알고 있다면 정상적인 인간은 알려주길 꺼린다. 그런데도 알려준다면 그것은 자신에게는 필요 없거나, 감당할 수 없거나, 그것을 통해서 더 큰 이득을 얻으려는 목적, 그것도 아니라면 이미 가치가 떨어지고 있기 때문일 것이다. 주식이 하락장인 줄 모르고 '영끌'해서 들어가는 것도, 남들 따라 비트코인에 들어가 손해 보는 것도 마찬가지다.

나만 해도 그렇다. 적어도 따라만 하면 1년에 최소 5천만 원(1억이라고 쓰려다 참는다) 이상은 무조건 벌 방법 몇 가지를 알고 있다. 이미 몇 년간 나 스스로에게도, 다른 사람을 통해서도 검증을 마쳤다. 그냥 하기만 하면 되는 방법이다. 하지만 이 방법을 알려줄 이유도, 그럴 마음도 없다. 만약 알려준다면 위에서 말한 4가지 이유 때문일 것이다.

이 책도 마찬가지다. 여기까지 읽었다면 굉장히 흥미롭게 보고 있다는 증거다. 솔직히 말하면 나는 지금 당신의 관심과 시간을 빼앗는 중이다. 그래서 이 책의 내용은 최대한 솔직하게 쓰려고 다짐했다. 당신이 살면서 뭔가를 보며 '엄청난' 방법 내지는 '쩌는' 기술이라고 느낀 적이 있다면 그건 착각이다. 경험적으로 이미 알았다면 다행이고, 아니라면 명심하길 바란다. 세상에 그런 것은 없다.

공자는 《논어》를 통해서 1장부터 학(學)을 강조하며 습(習)이 없음을 경고했다. 배우고 자신의 것으로 익히지 않으면 아무런 쓸모가 없다는 의미다. 어떤 강의를 수강하거나 유튜브 영상을 보고도 자신이 직접 실행하지 않으면 아무런 의미 없듯이 말이다. 부자가 되고 싶은 1,000여 명을 만나면서 그들의 질문에 답도 하고 고민도 풀어줬다. 내 말을 듣고는 엄청나다며 꼭 실행하겠다고 다짐했다. 그들의 실천을 위해 정말 '별의별 짓'을 다 해봤다. 그런데 2년 가까이 지켜보면서 깨달았다. 하지 않는 사람들이 대부분이라는 것을. 배우기만 하고 자기 삶에 적용하지 않는다.

메모도 열심히 한다. 하지만 바뀌지 않는다. 적자생존이라는 말을

'적는 자가 살아남는다'라고 하는 사람도 있다. 난 이 말을 자기 말에 집중하라는, 강사의 가스라이팅이라고 생각한다. 적기보다는 실천하는 사람이 살아남는다. 적자생존이 아니라 '행(行)자생존'이라는 말이 더 정확하지 않을까? 노자는 《도덕경》을 통해 이런 공자의 '학습'이 뭔가를 강화하는 일이라며 비판했다. 진정한 길은 날마다 덜어내는 것이라도 했다. 가치 체계를 줄이고 약화하는 과정을 통해 자신을 무한한 개방성에 두라는 의미일 것이다.

노자가 "세상 사람들이 모두 좋다고 하는 것을 좋은 것으로 알면 이는 좋지 않다"라고 말한 의미를 곱씹길 바란다. 당신의 시간은 그 무엇과도 바꿀 수 없다. 그러니 누군가를 위해 멘티, 팬, 열혈 수강생, 단골을 자청하며 추종하는 건 그만둬야 한다.

내가 만난 부자와 유명인 100여 명은 모두 시간을 금같이 쓴다는 공통점이 있었다. 다른 누군가를 추종하는 자리에 속하지 않았다는 의미와 같다. 제발, 남의 인생이 아닌 당신의 인생을 살길 바란다. 좋아하는 영화 대사로 마무리하자.

"이 사람아. 장사꾼은 보이는 걸 팔고,
사업가는 보이지 않는 곳에 투자해.
난 지금 내 금쪽같은 시간을 여기에 투자하고 있는 거야."
영화 〈부당거래〉 中 유해진, 장석구 역

차례

Chapter 1

이 시대를 살아가는 대전제

Chapter 8

성찰의 힘, 행복하게 사는 방법

에필로그

Chapter 1

이 시대를
살아가는
대전제

대전제 ①

아무것도
확신할 수
없다는 것만

확신할 수 있다

아침에 그날 하루가 어떨지
약간이라도 예측할 수 있다면
당신은 그만큼 죽어 있는 셈이다.
그 예측이 맞으면 맞을수록
당신은 더 죽어 있다.

나심 탈레브 《블랙스완과 함께 가라》

사람들 대부분은 과거의 방식에 맞춰 사고하고 판단한다. 그러면서 시간이 갈수록 세상이 원하는 방향에서 점점 멀어진다고 느낀다. 맞다. 세상은 변했다. 문제는 우리가 그 변화를 정확히 감지하지 못하고 있다는 점이다. 세상이 어떻게 변하고 있는지를 알아야 삶의 방향을 가늠할 수 있을 것이고, 그래야 어떤 삶을 살지도 분명해진다.

우리가 살아가는 시대를 흔히 '뷰카'라고 부른다. 뷰카(VUCA)는 변동성(Volatility), 불확실성(Uncertainty), 복잡성(Complexity), 모호성(Ambiguity)의 앞 글자를 따서 만든 단어다. 우리를 둘러싼 상황을 이보다 더 적절히 묘사한 말이 있을까.

뷰카화가 진행됨을 직접 느낀 것은 대학교 때였다. 나는 문과에서 가장 높은 점수를 받아야만 들어갈 수 있는 학교의 법학과에 입학했다. 운명의 장난인지 입학하자마자 '로스쿨 제도' 도입이 확정되었다.

신분 상승의 기회로 여겼던 사법고시 제도가 폐지된 것이다.

당시 동기 대다수는 빠른 사법고시 합격을 목표로 삼았다. 단계적으로 폐지될 사법고시와 학비가 비싼 로스쿨 등의 여건은 선택범위를 제한했다. 하지만 내 고민은 좀 달랐다. '과연 앞으로도 법조인에 대한 사회적 인식이나 대우가 지금까지와 같을까'라는 의문이 들었다. '다를 것이다'라는 게 결론이었다. 결국 가족과 지인들의 만류에도 불구하고 나는 사업 쪽을 선택했다. 그때 판단의 핵심이 되었던 것은 다음 3가지다.

첫 번째는 지금까지 '바람직하다, 좋다, 올바르다'라고 믿었던 가치의 판이 흔들릴 것이라는 점이었다. 예측, 경력, 최적화의 가치가 점점 줄어들 것이다. 우리는 예측하는 것을 좋아한다. 뭔가를 예측하는 유튜브 동영상 조회수가 많이 나오는 것만 봐도 그렇다. 그만큼 우리는 예측에 익숙하다. 예측은 예측에서 끝나지 않으며, 예측을 바탕으로 계획을 세울 수 있다. 역사가 그렇게 흘러왔고, 우리는 그렇게 살아왔다.

하지만 안타깝게도 세상은 예측보다 빠르게 변화하고, 점점 안정성과 확실성이 떨어지고 있다. 예측이 무의미해지고 있다는 말이다. 부동산, 주식 전망을 살펴보면 바로 확인할 수 있을 것이다. 같은 분야 전문가라도 의견이 너무 다르다. 예측한다는 것 자체가 인간의 오만이자 착각이다. 계획과 실행 사이에서 계획에 많은 시간을 두고 결정하는 방식은 리스크가 클 수밖에 없다.

이제는 작업 방법이 바뀌어야 한다. '준비-조준-발사'가 아니라 '준비-

발사조준'이라는 사고와 판단이 훨씬 더 유효하다. 일단 시도하고 결과를 확인하면서 수정을 계속 반복해 가는 작업이 필요한 시기라고 할 수 있다. 린 스타트업, 그로스 해킹이라는 개념도 여기에 기반한다. 예측 능력을 키우기보다는 환경의 변화에 유연한 대처 능력이 필요하다.

두 번째는 경력의 가치 상실이다. 의사와 변호사 같은 '전문직'의 지위가 예전 같지 않다. 다른 업종은 말할 것도 없다. 피라미드의 최상위 지점은 영향을 받는 데 시간이 좀 더 걸리겠지만, 그 아래는 이미 가치를 상실하고 있다.

'경력'이라는 말에는 경험을 신뢰한다는 의미가 들어 있다. 경험은 변동성이 낮을 때 유효하다. 우리가 살고 있고, 살아갈 시대는 변동성이 높다. 코로나가 이미 증명했지 않은가. 되돌아보자. 갑자기 들이닥친 코로나 팬데믹에서 경험이 유효했나? 주어진 환경에서 어떻게 대처하는가만 중요했다. 새로운 환경에 유연하게 대처하고 배우는 사람만이 가치를 창출할 수 있을 것이다. 과거의 경험과 경력에 기반한 정답보다 현답을 찾는 태도가 중요하다.

마지막 세 번째로 최적화의 가치 상실을 들 수 있다. 인간은 항상 최적화를 갈망한다. '더 이상 손 볼 것이 없는 완전한 상태' 말이다. 하지만 환경과 상황이 급격히 바뀌고 있다. 어느 시점에서 최적화가 일어나더라도, 어차피 다음 순간에는 또다시 뒤처지고 만다. 유행이 빨라지는 것도 이런 이유 때문일 것이다. '강한 자가 살아남는 게 아니라, 살아남는 자가 강하다'로 바뀐 지 오래다. 얼마나 탄력적으로 환경과 상황에 대처할 수 있는지가 중요하고, 그 핵심은 유연성이라고 생각한다. 이공계나 자연계에서는 '법칙'이나 '공식'이 적용될 수 있지만, 인문계에서는 그럴 수 없다는 점에 주목하자.

A면 B다.
A 하면 B가 된다.
- 인과적 사고

과거의 성공 또는 성과는 'A 하면 B'라는 인과적 사고로 귀결되는 경우가 많았다. 돈 버는 방법부터 상세 페이지, 카피, 블로그 등이 그 예다. 그러나 적어도 인문계열 관련 직업이나 분야에서는 더 이상 이런 인과적 사고는 적용되지 않는다. 세상에 공개되는 순간 많은 사람이 알게 된다. 희소성은 떨어지고 경쟁은 심해진다. 그럴수록 'A 하면 B가 된다'보다 'A 해도 B가 되진 않는다' 쪽의 확률이 높아질 것이다. 아무것도 확신할 수 없다는 것만 확실하다는 방향으로 세상이 흘러가고 있다.

축구 경기에서는 공을 손으로 잡으면 안 된다. 반면 농구 경기에서는 공을 발로 건드려서는 안 된다. 이것이 게임의 규칙이자 경기의 대전제다. 마찬가지로 삶에서도 대전제는 중요하다. 아무것도 확신할 수 없다는 것만 확신할 수 있다. 하지만 본능적으로 인간은 무언가에서 확신을 얻기를 원하는 존재다. 그래서 누군가가 권위나 명성을 이용해 호언장담할 때, 쉽게 속아 넘어가게 된다. 과거에는 몰라도 지금은 장담할 수 있는 것이 아무것도 없다.

경험상 사람들은 크게 두 부류로 나뉜다. 하나는 시작 전부터 확신을 얻고 싶어 하는 쪽이고, 다른 하나는 일단 해봐야 알 수 있다는 쪽이다. 전자보다는 후자가 확률적으로 성과를 거둔 경우가 많다. 그래서 성공한 사람들은 자신의 성공을 '운'이라고 말한다. 생각해 보면 아무것도 확신할 수 없었기 때문이다. 그 무엇도 확신할 수 없다는 것을 알기 때문에 역설적으로 순간마다 자기 자신을 믿으며 최선을 다할 뿐이고 꾸준히 할 수 있게 된다.

인생에서 그 어떤 결정을 내리더라도, 자아를 타인에게 의탁하는 태도는 피해야 한다. 그럴 수 없다면 줄이려고 노력해야 한다. 자기 삶의 주인공은 '나 자신'이기 때문에 더더욱 그렇다.

대전제 ②

문제 해결보다는
문제 정의와

발견이
가치 있다

> 문제를 발생시켰을 때와 똑같은 의식 수준으로는
> 어떤 문제도 해결할 수 없다.
>
> 알베르트 아인슈타인

앞서 다룬 대전제 첫 번째 '아무것도 확신할 수 없다는 것만 확신할 수 있다'에서 자연스럽게 도출되는 결론이다. 이제는 문제 해결보다는 문제 정의와 발견이 가치 있다. 인류는 필요에 따라 제품과 서비스를 개발해 왔다. 장거리를 편하게 이동하기 위해 자동차와 기차를 발명했다. 추운 겨울을 잘 보내기 위해 난방 시스템을 만들었고, 더운 여름을 시원하게 보내려고 에어컨을 만들었다. 현재를 살펴보자. 생활에 엄청나게 불편한 것이 있나?

스마트폰은 어떤가. 삼성에서 처음 터치형 스크린 스마트폰이 출시될 즈음에 나는 '연아의 햅틱'을 구매했었다. 터치형이라니! 그전까지는 버튼형이었다. 이름도 스마트폰이 아니라 '휴대폰'이라고 불렀다. 그렇게 여러 기능이 하나씩 추가되더니 이제는 스마트폰으로 못 하는 것이 없어졌다.

인류 역사가 시작된 이래로 우리 주변에는 항상 '불(不)'이 존재했다. 불평, 불안, 불만족 등의 문제를 해결하기만 해도 경제적인 부를 쌓는 게 어렵지 않았다. 비즈니스의 기본은 문제의 발견과 해결이었고, 해결하는 사람이 부를 얻을 수 있는 패러다임이었다. 하지만 지금은 다르다. 문제의 총량은 점점 줄어들고, 문제를 해결하는 솔루션의 양은 기하급수적으로 늘어났다.

과거: 문제 > 해결책 → 문제 해결 능력이 중요
현재: 문제 < 해결책 → 문제 발견 능력이 중요
- 달라진 패러다임

이제 우리는 문제에 부딪히면 '검색'부터 한다. 인터넷이나 유튜브를 검색하면 웬만한 건 다 나온다. 그뿐인가. 이를 해결해 줄 도구도 하루면 배송된다. 어느 분야를 막론하고 경쟁이 치열해졌다. 소비자로서는 대체재가 많아졌다는 걸 의미한다. 애플리케이션만 하더라도 같은 기능을 가진 비슷한 것들이 엄청나게 많다. 선택 장애가 생길 만큼 상품과 서비스가 넘쳐나는 시대다. 앞서 언급한 대로 비즈니스가 문제의 발견과 해결의 시소게임이라면 결과는 명확하다. 문제 해결책이 엄청나게 많아진 만큼, 문제를 발견하고 제안하는 능력이 앞으로는 더 중요해질 것이다.

대중의 관심을 받는 오은영 박사만 봐도 그렇다. 사람들이 오은영 박사를 찾는 이유는 단순하다. 문제의 원인을 제대로 몰라서 어떤 방법을 써도 해결되지 않기 때문이다. 오은영 박사는 바로 이 지점을 건드리고 있다. 그리고 그걸 제안해서 효과를 보니 사람들이 몰릴 수밖에. 유명인이나 연예인들이 자신의 고민을 털어놓는 상황까지 왔다. 경제적 자유를 이룬 사람들까지도 찾고 있다는 것은 문제 해결책이 부족해서가 아니다. 바로 문제 정의 능력이 필요하기 때문이다.

정답을 내고 제안하는 능력 → 극단적인 공급과잉
⇒ 가치하락
문제를 정의하고 제안하는 능력 → 공급 부족 & 수요 증가
⇒ 가치증대
- 수요-공급 이론에 따른 자연스러운 결론

게임의 규칙이 바뀌었다. 가치는 수요와 공급의 균형으로 결정된다. 당신은 어느 쪽에 더 집중할 것인가? 과도하게 공급되고 있는 문제 해결 능력 쪽을 선택한다면 자기 가치를 감소시키는 선택을 하는 것이다. 아직 체감하기는 쉽지 않겠지만 '인공지능'이 본격적으로 우리 일상에 파고든다면 어떻게 될까. 인공지능의 문제 해결 능력이 인간을 뛰어넘는다는 것은 이미 잘 알려져 있다. 그럼, 이런 질문이 나올 것이다. '문제 정의 능력을 어떻게 키워야 하는 거지?' 그 답이 무엇인지, 답을 찾을지 말지를 선택하는 것까지도 당신의 몫이다.

대전제 ③

쓸모가 아닌
의미가

더
중요하다

만약 배를 만들고 싶다면
사람들을 불러 모아 목재를 마련하고
임무를 부여하고 일을 분배할 게 아니라
그들에게 끝없이 넓은 바다를 동경하게 하라.

생텍쥐페리

문제 정의와 발견 능력의 핵심은 '경쟁을 최소화'하는 것이다. 동양 철학을 배우면 대부분의 시대적 배경이 춘추전국시대라는 사실을 알게 된다. 당시 사람들이 느끼는 심리적 피로감은 현대인들의 그것과 다르지 않았을 것이다. 만연한 문제를 해결하기 위해 여러 현인이 각자의 해결책을 제시했다. 우리는 그들을 '제자백가'라고 부른다. 그들 중 손자와 노자는 경쟁을 최소화하는 것의 중요성을 말하고 있다.

不爭而善勝
부쟁이선승
싸우지 않는 것이 참된 승리다.
— 노자《도덕경》73장

不戰而屈人之兵 善之善者也

부전이굴인지병 선지선자야

싸우지 않고 적을 굴복시키는 것이 최선 중의 최선이다.

— 손자《손자병법》모공 편

그렇다. 경쟁은 되도록 피하는 것이 상책이다. 경쟁을 피하면서 이
기는 것이 중요하다. 나 역시 항상 경계하고 적용해 왔던 사업 방식이
다. 대부분은 경쟁을 불가피한 것으로 받아들이고 싸운다. 나는 강의
와 세미나에서 내가 적용하고, 효과를 봤던 경쟁을 피하는 방법론을
설명했다. 그 내용을 모두 여기에 넣을 수는 없으나 쓸모가 아니라 의
미에 집중하는 것이 중요하다는 게 핵심이다.

인간은 목적, 원인, 동기에 의해 더 강력해지는 존재다. 사고와 행동
의 의미를 강화하기 때문이다. 군대에 갔다 온 남자들은 종종 의미 없
이 땅을 팠던 당시의 경험을 말한다. 그때만큼 자신이 무기력하게 느
껴진 적이 없다는 말도 덧붙인다. 왜일까? 단순하다. 왜 땅을 파야 하
는지 그 이유를 모르기 때문이다. 목적, 원인, 동기가 없는 인간은 무기
력해질 수밖에 없다. 누가 시키는 일은 하기 싫지만, 스스로 하고 싶은
일을 할 때면 밤새는 줄 모른다. 인간의 능력과 역량은 '의미'를 찾느냐
아니냐에 따라 발휘되는 정도에 차이가 크다. 능력이나 역량은 가변적
이다. 아무리 능력이 뛰어나더라도 왜 하는지를 모른다면 그 능력이
발휘되기는 쉽지 않다.

'쓸모'는 앞서 말한 문제 해결과 맞닿아 있다. 쓸모로 경쟁하기 시작하면 끝없이 경쟁해야 한다. 하지만 의미를 중심으로 경쟁하면 한결 수월해진다. 애플과 삼성만 보더라도 명확하지 않은가.

의미 중심 vs 쓸모 중심
- 애플 아이폰과 삼성 갤럭시의 결정적 차이

스티브 잡스의 영향으로 애플은 아이폰 출시 때부터 그 의미를 명확하게 잡고 출발했다. 삼성도 대단한 기업이다. 패스트 팔로어 전략으로 뛰어난 성과를 거두었다. 하지만 항상 뭔가를 과하게 쏟아붓고 있다는 느낌을 지울 수 없다. 새로운 기능을 더 강조해야만 하는 운명을 타고났다고나 할까. 제품 하나도 이런 데 인간은 오죽하겠는가.

당장 도움이 되는 것은 금세 쓸모없어진다. 베스트셀러 코너에 잠깐 1위 하는 책은 많지만, 스테디셀러인 고전의 가치와 비교할 수는 없다. 고전에서는 곱씹고 씹을수록 단물이 계속 나온다. 사람들은 점점 쓸모라는 목적에는 비용을 적게 치르고 싶어 한다. 더 싸고 저렴한 것을 찾아 움직인다. 하지만 의미에 목적을 둔 소비에는 비용을 아끼지 않는다. '가치 소비'라는 단어에 집중해야 하는 이유다.

인기와 유행은 시간으로 증명된다. 쓸모는 시대가 빠르게 변함에 따라 바뀌지만, 의미는 시간이 흘러도 남는다. 그렇다면 쓸모와 의미 중 어디에 더 집중해야 하는지 명확하지 않은가.

대전제 ④

전략적인 유연성이

지속 가능한 성공의 열쇠다

시행착오에 의한 오차 수정이
인간의 유일한 학습 방안이다.

칼 포퍼

인간은 누구나 특정 대상에 대한 '믿음'을 가지고 살아간다. 자신이 어떤 방향으로 나아가야 할지를 고민할 때 이 믿음이 작동한다. 하지만 뷰카(VUCA)화한 이 시대에서 과연 절대적인 것이 존재할까? 자신의 믿음을 신뢰할 수 있을까?

절대적인 것도 없고, 우리가 믿었던 것들도 더 이상 신뢰하기 어렵다. 이런 시대에 필요한 것이 전략적 유연성이다. 전략적 유연성을 갖추지 못한 상태의 의사결정은 필연적으로 오류가 따르고, 그 오류는 다음 4가지 정도로 구분할 수 있다.

① 노력 만능주의적 사고
노력하면 무엇이든 얻을 수 있다는 사고방식

② 인과론적 사고
원인과 결과 사이에 작용하는 다양한 영향을
단순화시키는 사고방식

③ 이분법적 사고
모든 대상을 좋은 것과 나쁜 것으로 구분해 양면성을
간과하는 사고방식

④ 결과론적 사고
결과 그 자체가 기준이 되어 원인이나 과정을
단정 짓는 사고방식

　　우리는 '오류'와 '낭비'가 일어나는 것을 부정적으로 인식하고 배제한다. 이러한 인식 체계는 긍정적이기도 하지만, 때로는 합리화라는 최악의 결과로 이어진다. 오류와 낭비를 단기적 관점으로 판단하면 부정적이지만, 장기적으로는 오히려 생산성을 향상시키기도 한다. 대부분은 이를 인식하지도 못한다. 오류와 낭비를 피하고자 하는 욕망 때문에 실행은 늦어지고, 그만큼 시행착오를 겪을 기회를 빼앗긴다.
　　운동, 그중에서도 웨이트 트레이닝을 하기로 마음먹은 사람을 예로 들어보자.

전략적 유연성이 떨어지는 사람들이 있다. 이 사람들은 운동하기로 결심하면 일단 운동하기 위한 장소를 알아보는 데 시간을 쓴다. 연회비를 줄이고 싶거나 같은 비용이라면 더 좋은 시설이 있는 곳에 가고 싶어서 그렇다. 그렇게 최소 하루에서 이틀, 심하게는 일주일 이상을 장소 선정에 쓴다. 드디어 회원등록을 하고 운동을 시작할 참이다.

그런데 이번에는 운동복이 걱정이다. 시설에서 제공하는 운동복이 있지만, 뭔가 운동 효율성이 떨어질 것 같다. 그래서 운동복을 알아보고 구매한다. 기왕 이렇게 된 거 새 운동복이 도착한 후부터 다녀야겠다고 생각한다. 이번에는 유튜브를 찾아본다. 운동을 어떻게 할지 고민이다. 운동을 시작하기 전부터 기운이 다 빠지는 느낌이랄까. 그렇게 어렵게 운동을 다니기 시작한다.

단순한 예를 들었지만, 학습, 강의 선택, 온라인 비즈니스, 유튜브, 사업 등에서도 같은 패턴이 반복된다. 당신은 어떤가. 내가 만난 부자가 되고자 하는 1,000여 명 중 대다수는 이런 행동 패턴을 보였다. 반면 내가 만난 부자 100여 명은 전혀 다른 패턴을 보였다.

이번에는 전략적 유연성이 좋은 사람들의 예시다. 운동하기로 결심하면 바로 실행에 옮긴다. 일단 가벼운 산책부터 시작한다. 동네 주변을 걷는다. 그러다가 집에서 가장 가까운 헬스장에 들어가서 연간 회원권이 아닌 1개월 이용권을 결제한다. 훑어 보고 마음에 들지 않거나 아쉬운 점이 있으면, 중간에 유산소 운동 겸 주변 다른 헬스장에 가보면 되니까 어디든 괜찮다. 목적은 운동이니 바로 실행한다.

역시나 운동복이나 운동 장비에 대한 욕망이 있지만, 어느 정도 레벨이 올라간 후 자기에게 주는 보상으로 미룬다. 한 달에 25일 이상 꾸준히 운동하러 나갔다면 자신에게 주는 상으로 운동복을 결정한다. 운동하러 가서도 바로 트레이너에게 질문한다. 기구 사용법을 간단하게 안내받고 직접 실행해 본다. 잘 되는 것도 있지만, 아쉬운 점은 운동 중간에 그때그때 확인하기로 한다. 운동과 관련한 모든 생각과 판단은 운동하러 왔을 때만 하기로 스스로 다짐한다.

어떤 차이가 보이는가. 두 부류의 차이를 여러 가지로 설명할 수 있지만, 무엇보다 '목적'의 명확성이 전략적 유연성의 차이를 보여준다. 목적은 운동을 통한 건강증진이다. 대다수는 운동을 위한 운동이 되어버리는 경우가 많다. '처음부터 제대로' 하고 싶다는 생각에 오류와 낭비를 극도로 피한 결과다. 하지만 세상에 처음부터 제대로 되는 일은 없다. 감을 잡았을 것이라 믿는다. 이제 전략적 사고의 유연성을 갖추지 못했을 때 생기는 의사결정의 오류 4가지를 하나씩 짚어보자.

첫 번째, 노력 만능주의. 노력하면 무엇이든 얻을 수 있다는 '믿음'은 굉장한 착각이다. 우리의 인생은 무한하지 않다. 인생은 매 순간이 선택이다. 그 선택의 정확성을 확률적으로 높여가는 개선작업은 필수다. 노력만 하면 된다고 생각하는 사람이 많다. 노력을 건전하고 신성한 것으로 여기고 자신을 세뇌하지만, 정신적 자위로 끝나는 경우가 대부분이다. 우리는 열심히 공부해야 한다는 말을 들으며 자랐다. 하지만 내 생각은 다르다. 자식에게 나는 이렇게 가르칠 것이다. "열심히든 아니든 기왕 공부할 거라면 잘하는 게 중요해"라고. 노력도 중요하지만, 확률적인 검토가 우선이고 필수다.

노오력, 잘못된 노력을 '노오력'이라고 한다.
- 노력 만능주의적 사고가 간과하는 것

1,000권의 책을 읽으면 인생이 달라질 거라는 생각도 노력 만능주의의 예다. 글을 쓰면 쓸수록 글쓰기 실력이 올라갈 거라는 믿음도 마찬가지. 논술로 대학에 갔고, 다른 사람을 논술로 대학에 합격시켜 본 사람으로서 장담한다. 매일 찔끔찔끔 작성하는 글쓰기로는 원하는 수준까지 가는 데 굉장히 오래 걸린다. 그렇게 해서 된 사람이 있다고? 그렇다면 애초부터 재능 있는 '재능러'일 가능성이 크다.

두 번째, 인과론적 사고. 인문계 출신이라면 더 집중해서 읽기를 바란다. 자연계 출신은 인과론적 사고에 굉장히 익숙하다. 실험과 관찰을 통해 '법칙'으로 정의 내리고, 이를 '공식'으로 남기는 것이 자연계열 학문의 기본이다. 이런 법칙이나 공식에는 꼭 '조건'이 따라붙는다. 특정 조건에서만 성립한다는 뜻이다. 인문계열의 학문은 정반대다. 절대적인 것을 경계하고 개방성과 다양성을 인정하고 추구한다. 좀 더 유연하다. 조금만 전문적으로 일반화시키자면 연역적 사고를 하는 것이 자연계고, 귀납적 사고를 하는 것이 인문계다. 귀납적 사고는 반례가 하나만 등장해도 성립되지 않는다. '세상의 모든 백조는 하얗다'라고 주장하다가도 검은 백조가 나타나면 곧바로 깨지게 된다.

재미있는 건 이런 인과론적 사고를 일상뿐만 아니라 중요한 의사결정에서도 적용한다는 점이다. 인문계열 학문에서 절대적인 것은 없다. 그러니 책 제목에 '비밀, 법칙' 등이 붙었다면 사실상 모두 일반화의 오류를 범하고 있는 거라고 봐도 된다. 원인과 결과 사이에는 아주 다양한 요인이 작용하는데도 이를 생략한다. 이걸 무시하고 비밀이니 법칙이니 하는 단어를 써야 사람들이 단순하게 믿고 따라오니까 그렇다.

이걸 깨달은 후 나는 스티븐 코비의 《성공하는 사람들의 7가지 습관》이라는 책을 읽다가 덮었다. 책 내용 그대로 따라 해서 성공할 수 있다면 지구상에는 모두 성공한 사람들만 있어야 한다. 현실은 어떤가. 성공한 사람은 드물고, 대부분은 성공을 꿈꾸기만 한다. 《성공하는 사람들의 7가지 습관》을 읽고 성공할 것 같은 생각이 든다면 일반화의 오류를 별다른 비판 없이 받아들인 참사가 아닐까 싶다.

자연은 다양한 요인들이 상호작용한다. 우리 인간도 자연의 구성원이기에 단편적으로 원인과 결과를 'A 하면 B 할 것이다'라고 생각한다. 하지만 이것은 큰 착각이다. 논리학을 조금이라도 공부해서 역, 이, 대우의 개념만 알고 있어도 이런 단순한 인과론적 사고방식을 상당히 개선할 수 있다.

나머지 2가지 사고방식도 마찬가지다. 전략적인 유연성을 가져야만 지속 가능한 성장을 이룰 수 있다. 뷰카(VUCA)화한 이 시대에 절대적이고 완벽한 것은 없다. 데카르트가 말했던 '방법적 회의'를 갖고 살아가는 것이 이 시대를 살아가는 올바른 대전제라고 생각한다.

대전제 ⑤

규칙보다는
철학,

독점보다는
공유

세상의 길은 수없이 많지만 목적지는 같다.
말을 타거나 차를 타고 달릴 수도 있고
둘이 혹은 셋이 함께 달릴 수도 있지만
마지막 걸음은 혼자서 디뎌야 한다.
따라서 모든 고난을 혼자 짊어지는 것보다
더 나은 지식도 능력도 없다.

헤르만 헤세

사회의 규칙은 누가 만든 것이고 언제 만든 것일까. 스무 살이 넘으면서 철학에 관심이 생겼고, 그때부터 한 가지를 다짐했다. 내 자식에게 혹은 내가 기성세대가 된 후 젊은이들에게 조언을 자제하기로 말이다. 이유는 간단하다. 내가 경험하고 생각했던 결과물은 내가 살았던 시기와 상황을 기준으로 만들어진 것이다. 자식이나 그 세대의 젊은이들이 겪는 시기와 상황은 또 다르다. 물론 변하지 않는 것도 존재한다.

그러나 나의 경험과 사고의 결과물이 그들에게 똑같이 적용될 확률은 낮다. 사회의 규칙도 그렇다. 우리나라는 지금 세대 갈등을 겪고 있다. 근본적인 문제는 두 세대가 '경험했고, 경험하고 있는' 시대가 다르다는 점이다. 삶의 방식과 규칙이 똑같이 적용될 수 없다. 비판 없이 받아들이는 규칙은 생존력만 떨어뜨릴 뿐이다.

나 역시 법조인의 길을 가지 않겠다고 결정했을 때, 가족을 포함한 일가친척 모두가 만류했었다. 그들에겐 '법조인'이라는 세 글자가 주는 무게감이 컸을 것이다. 하지만 그 무게감이 과연 앞으로도 적용될 수 있을지 나 자신에게 물었고, 아니라는 결론이 나왔다. 법조인의 길을 선택하지 않은 것을 지금까지도 앞으로도 후회하지 않을 것 같다. 그때가 시작이었는지 모른다. 남들이 혹은 사회가 정해준 규칙보다 나 스스로 성찰하고 판단한 '철학'이 중요하다는 사실을 알았던 것은. 남들이 가지 않는 길을 선택하길 주저하는 건 다음 2가지 이유 때문이다.

① 선택에 대한 책임(비난, 조롱 포함)을 온전히 짊어져야 하기 때문
② 다수가 옳다고 판단하는 것을 반박할 만한 자신만의 기준이 없기 때문
- 타인과 다른 길을 선택하지 못하는 이유

그런데 어쩌겠는가. 내 인생은 나 자신의 것인걸. 누가 대신 살아줄 수도 그래서도 안 된다. 프롤로그에 나는 이렇게 말했다. "제발 살아라, 남이 아닌 당신의 인생을!"

강의 중 타인이 만들어 놓은 틀이 아니라 자신만의 철학을 갖춰야 한다고 하자 이런 질문을 받았다. "그러면 자신만의 철학은 어떻게 갖춰야 하나요?" 미안하지만 스스로 경험하고 부딪치는 수밖에 없다. 그것이 때로는 고집처럼 보일지라도 말이다. 누가 당신에게 고집부리지 말라고 한다면, 당신만의 철학이 만들어지고 있다는 신호로 받아들이면 된다.

신분제도를 살펴보자. 민주주의가 자리 잡힌 이후 사람들은 신분제도가 있었던 시대를 야만적이고 무식한 시대로 평가한다. 실내 금연이 당연한 지금, 실내 흡연은 이해하지도 이해받지도 못하는 상황이 된 것처럼 말이다. 하지만 잘 생각해 보자. 2024년 현재 우리가 당연하게 생각하고 따르는 대부분의 규범이 미래 사람들의 눈에는 그렇게 보이지 않을지도 모른다. 헤르만 헤세는 '고집스러운' 행동의 중요성을 강조했다. 지금 시대에서는 더더욱 중요하다. 왜냐하면 세상의 규범과 기준이 빠르게 바뀌고 있기 때문이다. 이 글을 읽고 있다면 자신만의 철학에 대한 고민을 시작하길 바란다.

다음은 독점과 공유에 관해 이야기하자. 공유한다는 것을 어떻게 생각하는가? 혹시 공유하면 손해라고 생각할까? 이 시대는 특정한 뭔가를 독점하면 할수록 점점 도태할 수밖에 없는 구조다. 이미 공유 경제가 사회에 뿌리내리고 있다. 애덤 스미스 이후로 자본주의 세계에서 독점과 소유의 개념은 절대 선(善)과 같았다.

하지만 지금은 다르다. 이기적인 행동을 하는 사람은 머지않아 공동체에서 소외된다는 것을 알아야 한다. 부자 100여 명과 부자가 되고자 노력하는 1,000여 명을 만나면서 여러 면의 차이를 볼 수 있었다. 그 가운데 2가지를 소개한다.

① 매너 수준은 지능 순이다. 예의가 없는 사람은 지능이 낮다.
② 부자는 자기 소유를 나누려 하고, 빈자는 자기 소유를 뺏기지 않으려 한다.
- 내가 관찰하며 정의한 2가지

이 2가지는 시간이 갈수록 증폭된다. 그 결과 부자는 더 큰 부자가 되고, 빈자는 더 가난해지는 현상이 가속된다. 단순히 경제적 의미가 아니라 일상적 의미의 부에서 양극화가 일어난다. 기브 앤 테이크라는 단어도 나누려고 하는 개념(Give)이 앞서고, 받으려 하는 개념(Take)이 나중이라는 사실을 명심하자. 투자 제안을 받을 때도 그랬고, 지금까지 돈을 벌 때 중요하게 생각하는 것 중 하나가 바로 '철저한 기버(Giver)'가 되자는 마인드다. 내가 먼저 주는 행위를 3번까지 했는데도 상대가 받으려고만 하면 철저하게 손절했다. 더 이상 시간적, 물질적 투자를 할 가치가 없는 대상이기 때문이다.

2020년에 '무료 파트너십'이라는 이름으로 70명에 가까운 사람들을 만난 적이 있다. 그들의 고민을 1시간 30분 정도 아무 대가 없이 해결해 주는 프로그램이었다. 그때 느꼈던 것도 바로 이 지점이었다. 본인이 잃을 것만 생각하고 경계하는 사람은 딱 거기까지였다. 식물을 키우는 원리와 같다. 식물에 물을 준다. 당장은 아무 변화가 없는 것처럼 보인다. 하지만 장기적 관점으로 바라보고 관심을 주다 보면, 어느새

나에게 결실을 돌려준다.

아무런 대가도 기대할 수 없는 상황에서, 누군가에게 먼저 주는 행위가 손해라고 생각하는가. 이런 생각이 틀렸다는 것을 조직심리학자인 애덤 그랜트가 밝혀냈다. 기버(Giver)와 테이커(Taker)를 비교한 결과, 중장기적으로 큰 성공을 거둔 사람들 대다수는 기버였다. 인생은 마라톤이다. 부디 이 글을 읽는 당신은 자신의 삶을 '발묘조장' 하지 않길 바란다.

송나라에 어리석은 농부가 있었다.
모내기 이후 논에 가보니 다른 사람의 벼보다 덜 자란 것 같았다.
농부가 벼의 순을 잡아 빼자 약간 더 자란 것처럼 보였다.
이튿날 논에 가보니 벼는 이미 말라 죽어 있었다.
– 발묘조장(拔苗助長)

Chapter 2

사고의 힘,
역발상의
시작

인생의
중심은
'나'임과 동시에

'내가'
아니다

사람들은 스토리를
지나치게 좋아하는 나머지
무리해서라도 인과관계를
찾아내려는 경향이 있다.

마이클 모부신

"지금 당신이 누리고 있는 삶의 주인공은 바로 당신이다." 바로 여기서 문제 대부분이 시작된다. 자존감이나 자기계발이 이 책의 목적이라면 이 문장에서 멈췄을 것이다. 그러나 이 책은 생각, 즉 사고와 판단을 다루니 '인생의 중심이 자기 자신이라는 인식'에서부터 시작해 보자.

부자가 된다는 것 혹은 이를 위해 거쳐야 하는 과정 중 명심해야 할 것이 있다. 바로 돈은 상대방이 낸다는 점이다. 돈은 고객이 벌어다 주는 것이지 내가 버는 것이 아니다. 나는 열심히 살았고 노력했는데 왜 결과가 안 나오냐고? 그건 바로 생각의 중심이 자기 자신에게 머물렀기 때문이다.

운과 실력 이야기를 짧게 해보자. 운은 내가 잡는 것이 아니라, 나에게 찾아오는 것이다. 실력이 있으면 결과를 거둘 수 있다는 말도 반은 맞고 반은 틀리다. 필요조건일 뿐 충분조건이 아니라는 말이다. 실력이 좋은 결과를 반드시 담보하진 않는다. 그래서 생각의 중심을 나에게서 타인에게로 돌리는 습관이 필요하다.

부자 100여 명과 부자가 되기 위해 노력하는 사람 1,000여 명의 차이도 여기에서 나타난다. 대부분은 다른 사람의 눈치를 보지만, 부자는 배려부터 한다. 이 둘에는 극명한 차이가 있다. 상대방과의 관계에서 나를 잃어버리는 것과 그렇지 않은 것의 차이다. 재미있는 건 다른 사람의 눈치를 보면서 사고와 판단은 자기중심적으로 한다는 사실이다. 부자들은 철저히 객관화된 사고가 습관화되어 있었다.

돈을 버는 행위를 포함해, 행동에서 생기는 문제 대부분은 자기중심적 생각에서 비롯한다. 블로그 포스팅 조회수만 봐도 이 사실을 확인할 수 있다. 방문자수가 늘지 않고 조회수가 늘지 않는 것은 '읽고 싶고 방문하고 싶은 주제'를 다루고 있지 않아서다. 역시 자기중심적 생각이 문제다. 상위노출 방법, 최적화 블로그, 로직, 카피라이팅, 글쓰기 등이 문제가 아니라는 말이다. 그런데도 자꾸 본질적인 문제에서 벗어나 해답을 찾으려고 한다.

나는 여러 개의 블로그를 운영 중이다. 그중 한 개를 예로 들어보자. 2월 중순부터 새로 시작해 약 45일간 운영했고, 그간 상위노출된 포스팅만 해도 70개가 넘는다. 방문자수는 당연하고, 고객 DB도 수백 개가 쌓였다. 혹자는 이 결과를 보고 꽤 분석적인 결론을 내놓는다. 하지만 본질은 그게 아니다. 이 블로그에는 절대 '내가 쓰고 싶은 글'을 쓰지 않는다. 무조건 상대방에게 필요하고, 상대방이 읽고 싶은 글을 쓴다. 그러니 좋은 결과가 나올 수밖에.

미안한 말이지만, 블로그 강사들이 내놓는 '블로그 상위 1퍼센트를 위한' 커리큘럼을 볼 때마다 돈을 벌기 위한 구색일 뿐이라는 생각이 든다. 수치가 증명하듯 나는 상위 0.007%를 비롯해 마음먹으면 언제든 상위노출이 가능한 블로그를 여러 개 운영 중이고, 앞으로도 확대할 계획이다. 다른 분야로 말이다. 원칙은 너무나 간단하다. 본질은 단순하고, 현상은 복잡한 법이다. 그리고 이러한 현상을 설명하느라 금칙어를 피해서 쓰면 된다는 둥 네이버가 좋아하는 글이 따로 있다는 둥 말도 안 되는 꿰맞추기식 주장까지 난무한다.

인생의 중심은 내가 아닐 때가 더 많다. 그리고 그걸 현실과 실전에 적용해야만 성과가 난다. 공부 잘하는 우등생들이 항상 하는 말이 있지 않은가.

"출제자 의도를 중심으로 공부했어요."
- 흔한 우등생의 답변

당신이 돈을 벌고 싶다면 출제자는 고객이다. 당신과 당신이 듣는 강의와 멘토가 아니다. 블로그 강사 혹은 고수에게 백날 묻고 적용해도 '원하는 만큼' 성과가 나지 않는다면 이 말을 꼭 명심하길 바란다. 인플루언서가 되고 싶으면 대중들이 원하는 것을 보여주고 말하며 행동하면 된다. 다른 누군가의 관심이나 부를 얻고 싶다면 인생의 중심은 절대로 '내가' 될 수 없다.

문득 이런 의문이 들 것이다. '자신이 좋아하고 잘하는 것을 중심으로 꾸준히 하라고 성공하는 사람들이 말하던데, 이 말은 무슨 뜻이지?'라고 말이다. 개인적으로 조금 다른 각도에서 해석한다. 결론부터 말하자면, 모든 판단의 중심은 '자기중심적'이어야 한다.

블로그 강의를 예로 들어보자. 블로그 강의를 두어 번 들어봤지만 다 기억나지도 않고, 기억할 필요도 없다. 어차피 적용도 못 할 걸 기억할 필요가 없지 않은가. 그 대신 나는 직접 경험하고 부딪쳤다. 고민되는 부분이 생기면 직접 부딪치고, 판단도 스스로 내렸다. 누군가의 이야기를 들으며 맹신하는 게 아니라, '저 사람은 저렇게 생각하는구나!' 내지는 심지어 '그건 당신 생각이고'라는 생각까지 과감하게 할 줄 알아야 한다.

그래야 강의 내용의 20%도 지키고 있지 않다는 걸 스스로 알아챌 수 있다. 안목이 생기고, 걸러 듣는 힘을 기를 수 있다. 이런 생각은 비단 블로그 강의뿐만이 아니다. 삶의 모든 판단은 자기 스스로 내려야 한다. 다른 사람의 '조언'을 듣고 싶다고? 그렇대도 내 의견을 돕는 역할을 넘어 맹신하지는 말아야 하는 게 아닐까. 슬슬 정리해 보자. 인생의 중심은 '나'임과 동시에 '내가' 아니라는 의미를 명쾌하게 정리해 보려고 한다.

실행과 행동: 타인 중심 = 인생의 중심은 '내가' 아니다.
결정과 판단: 본인 중심 = 인생의 중심은 '나'다.
- 명심해야 할 사실

안타깝게도 부자가 되려고 노력하는 1,000여 명의 사람들은 대부분 반대로 행동하는 경우가 많았다. 결정과 판단에 대한 두려움 때문에 타인의 조언(助言)을 진언(眞言)으로 받아들인다. 그럴 수 있다. 그런데 실행과 행동은 조언을 준 사람이 하라는 대로 하지 않는다. 자기중심적으로 해석해서 다르게 행동한다. 그래서 메타인지가 점점 떨어지게 되고, 결과적으론 원하는 결과가 나오지 않을 확률이 높아진다.

부자 100여 명은 정반대였다. 조언은 참고할 뿐이고 본인이 직접 부딪치고 경험한 내용을 바탕으로 판단과 결정을 내린다. 그러나 실행할 때는 상대방 중심으로 움직이려고 노력했다. 마케팅할 때도 상대방 입장을 고려하고, 사업을 하더라도 상대방 관점에서 다시 한번 생각해 본다. 자연스럽게 메타인지가 발달하게 되고, 결과적으로 자신만의 철학과 기준이 생기게 되는 것이다. 실력은 절대적인 공식에 의해 드러나는 게 아니라 '확률적 필터'를 거쳐야만 비로소 결과로 드러난다. 이를 다음 장에서 확인해 보자.

실력은
'확률적 필터'를
거쳐야만

결과로 나온다,
주사위 이론

> 감질난 모험이 생길 만한 일을 두려워하는 자는
> 맞춤식 인생을 사는 것이다.
>
> **나심 탈레브 《블랙스완과 함께 가라》**

인간은 자기와 관계되어 있거나, 자기 노력이 개입되면 판단력이 흐려진다. 지나친 기대감에 들뜨거나 혹은 과도한 불안감에 흔들린다. 당신이 노력해서 실력을 키우면 성공할 수 있다는 사고방식을 갖고 있다면 이번 장의 내용을 명심하길 바란다. 이번 장에서는 '주사위 이론'을 설명한다.

학창 시절에 내 성적은 나름 상위권이었다. 그런데 공부하면 할수록 실감하는 게 있었다. 노력이 꼭 시험성적으로 이어지지는 않는다는 사실 말이다. 이런 생각은 대학교 법학과에 진학하고 나서 확실하게 다져졌다. 일반적으로 법대에서 보는 중간, 기말고사의 시험 범위는 타 단과대학 전공의 범위를 넘는다. 고등학교에서처럼 성실하게 매일 공부한다면 충분히 가능한 범위지만, 대한민국 대학생이 어디 그리 살 수 있나.

두 번 다시 오지 않을 대학생의 젊음은 특권이다. 소개팅도 해야 하고, 연애도 해야 하며, 동기들과 여행도 가야 한다. 동아리 활동도 열심히 하고, 때로 일탈을 즐기기도 해야 한다. 자연스럽게 공부할 수 있는 물리적인 시간이 줄어들 수밖에 없다. 그런데도 같이 놀았던 동기와 선배 중에는 성적이 잘 나오는 부류가 있었다. 대부분은 '천재' 혹은 '재능'으로 간주하고 넘어갔다. 그러다 우연히 나와 가까운 선배의 조언을 듣게 되었다. 저학년 때 그냥저냥이던 그 선배의 성적은 고학년이 되면서 오히려 더 좋아졌다. 그 후 나는 남은 3학기 동안 전액 장학금을 받으면서 졸업할 수 있었다. 그 선배의 핵심은 '요령'이었다.

물리적인 시간으로 법대 전공 시험 범위를 다 공부할 수 없는 건 당연하잖아?
그러니 방법은 하나야. 시험에 나올 후보군만 추려서 공략하는 거지.
- 당시 선배 조언의 핵심

처음엔 말도 안 된다고 생각했다. 불안해서 어떻게 시험에 나올 후보군만 공부하고 시험에 들어간단 말인가. 하지만 그 선배와 한 학기를 똑같은 과목으로 신청한 후 같이 공부하고 나서는 인정할 수밖에 없었다. 시험에 나올 부분을 공략하는 작업 자체가 실력이었다. 열심히 노력해서 공부한 내용이 실력이 아니었다. 더욱 놀라운 것은, 공략한 시험 후보군을 완벽한 모범 답안까지 만들어서 준비한다는 점이다. 서술형 시험 답지 전체를 B4 용지 6장 분량에 맞춰 미리 완벽한 답안을 써놓는 것이다. 그리고 시험 당일까지 한 글자도 빠뜨리지 않고 정말 완벽하게 외웠다. 단순히 암기만 한 것이 아니라 왜 그런 논리적인 흐름이 나왔는지 원리와 사례들까지 미리 싹 공부해 두니 문제가 변형되어도 대응할 수 있었다.

이 방법을 알고 난 첫 학기, 아직도 기억에 선명한 장면이 있다. 당시 형법학계에서 유명한 교수님께서 중간고사 시험지 중 가장 마음에 드는 답안이라며 내가 쓴 답안을 스크린에 띄웠던 순간이다. 그 답안지는 내가 미리 만들었던 모의 답안지와 95퍼센트 이상 비슷했다. 어디에 노력을 집중해 실력을 쌓아야 하는지 명확하게 알게 되었달까. 그전까지 3점대 초반 학점이었던 나는 해당 학기 전액 장학금을 받았다. 그때 깨달았다. 운을 어느 정도 통제한 후 선택한 부분에 실력을 집중하는 전략이 중요하다는 사실을.

이 경험을 지금도 업무나 사업에 적용하고 있다. 앞서 언급했던 블로그로 간단한 예를 들어보자. 언제 트래픽(검색량)이 터질지를 대략 파악한다. 이건 실력의 영역이다. 그런데 어느 정도 터질지는 나도 알 수 없다. 그건 운의 영역이다. 분명한 사실은 같은 노력을 해도 결과는 전혀 다르다는 점이다. 누군가에게는 행운처럼 다가왔을지 모르겠지만, 나에겐 대략 예상한 결과였다. 미리 그물을 펼쳐놓고 기다리고 있었을 뿐이다. 2022년 3월에 발행한 한 개의 포스팅 수치를 확인해 보자.

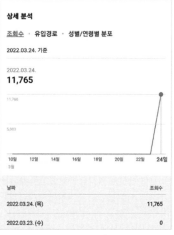

24시간이 채 되지 않는
시간 동안 조회수
11,782건 포스팅

해당 포스팅의 키워드가 포함되어 있어서 제목은 모자이크 처리했다. 2022년 3월 24일 자정을 갓 넘긴 새벽 12시 51분에 발행했다. 3월 24일에 트래픽이 터질 것을 알고 있었기 때문에 23일에서 24일로 넘어가는 새벽에 포스팅을 발행한 것이다. 그리고 집계한 시점은 25일을 갓 넘긴 새벽 12시 32분이었다. 24시간이 채 되지 않는 시간 동안, 포스팅 1개만으로 조회수 11,765건을 기록했다. 방문자수로 환원하면 최소 10,000명 정도일 것이다.

누군가에게는 꿈의 숫자일지 모르겠지만, 나에게는 의도된 '기획 포스팅'일 뿐이다. 이번이 처음이 아니라서 이미 어떤 결과가 나올지 알고 있었다. 마치 주사위를 던지면 숫자 6이 나오는 날을 아는 것처럼 말이다. 예상대로 전날에 비해 방문자수가 10,000명을 넘었다.

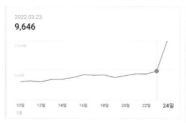

**23일 방문자수 9,646명
24일 방문자수 19,697명
정확히 포스팅 1개로
방문자수 10,051명
증가 효과**

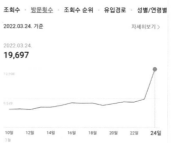

운이라고 생각할 수도 있으니 다른 사례를 하나 더 보자. 이번에는 단순히 방문자수를 늘리는 것이 아니라 잠재고객에게 전화번호, 즉 DB를 자발적으로 받은 결과물이다. 그달엔 매일 순수익으로 평균 100만 원을 기록했다. 실력이 뛰어나다고 결과가 잘 나오는 건 아니다. 꼭 '확률적 필터'를 거쳐야만 결과로 이어진다.

그런데 대부분은 이런 '확률적 필터'를 운으로 치부한다. 운 덕으로 돌리기엔 우리는 원하는 것이 많고, 하고 싶은 것도 많다. 그러니 확률적 필터를 잘 활용할 줄 알아야 한다. 유효한 포스팅 1개로 고객을 모으고, 그들을 상대로 하루 만에 430개의 고객 DB를 얻은 과정을 설명해 보겠다.

키워드	검색량 증감	비율	월	일	요일
~~████키워드~~	661%	0.04	11	17	수

11월 17일, 해당 키워드 수요 증가 예상

**11월 23일,
DB확보 목적 포스팅 작성**

+

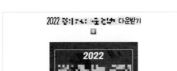

**DB확보용
배너 + 랜딩 페이지 탑재**

2021년 11월 초, 프로젝트 진행 과정 중 키워드 점검을 진행하고 있었다. 유료 광고와 무료 광고를 동시에 진행하던 중 트래픽 예상 타이밍이 찾아왔다. 11월 17일, 특정 키워드가 며칠 내로 폭발적으로 증가할 것이 보였다. 사실 말이 예상이지 일어날 일은 일어난다는 생각이다. 661% 정도의 증가가 예상되기에 놓칠 수 없었다.

그래서 11월 23일, 잠재고객의 DB를 받을 목적으로 포스팅을 작성했다. 고객이 충분히 DB를 남길 유인동기를 만들고 '무료배포' 전략을 사용했다. 포스팅 하단에 배너와 랜딩을 탑재하고 기다린 상황. 약 6일

동안의 반응은 나쁘지 않았지만 폭발적이지도 않았다. 그렇게 시간이 흘렀고 포스팅 18일 차가 된 날이었다. 마침 다른 프로젝트 진행 건이 바빠 잠시 관심을 끈 상태였다.

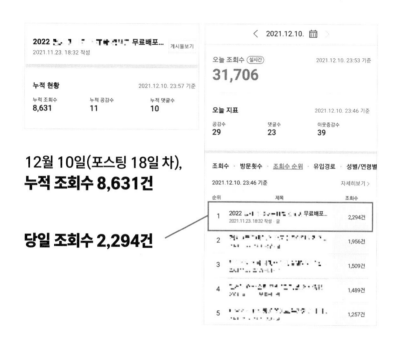

12월 10일, 블로그 하루 방문자수가 20,000명을 넘어간 시점. 해당 포스팅이 궁금해졌다. 12월 10일 23시 57분 기준 누적 조회수는 8,631건. 당일 조회수는 2,294건이었다. 고객 DB 획득이 어느 정도 일어났을지 확인한 결과는 다음과 같다.

8,631건 → **3,720건** → **1,219건**
누적 조회수   누적 랜딩 클릭 수   누적 DB 획득 수

Views	Starts	Submissions	Completion rate	Average time to complete
3,720	1,870	1,222	65.3%	00:27

☐ 1219 responses in total

2,294건 → **1,298건** → **430건**
당일 조회수   당일 랜딩 클릭 수   당일 DB 획득 수

Views	Starts	Submissions	Completion rate	Average time to complete
1,298	682	419	61.4%	00:25

☐ 430 responses in total

26.57% < **34.86%** < **35.27%**
전체 조회수 대비   전체 클릭 대비   누적 DB 획득 대비
당일 조회수 비율   당일 클릭 비율   당일 DB 획득 비율

↓

조회수보다는 클릭이, 클릭보다는 전환(행동)의 비율이 높았다는 의미
결론: 상대방이 무엇을 필요로 하는지 알고 확률을 높이면 결과가 나온다.

12월 10일 단 하루에만 430건의 잠재고객 DB를 확보했다. 이런 결과는 지금부터 설명할 주사위 이론에 따라 만들어진 것이다. 누구나 실력은 있다. 실력의 차이가 존재하는 것도 사실이다. 하지만 '확률적 필터'를 꼭 거쳐야만 예상할 수 있는 결과가 나온다. 이것이 주사위 이론이다. 즉 실력이 떨어져도 결과가 잘 나올 수 있고, 전문가라고 꼭 좋은 결과가 나오는 건 아니라는 말이다. 대부분은 실력을 쌓으면 무조건 좋은 결과가 나올 것으로 착각한다. 이것이 우리 대부분의 맹점이다.

사고방식: A를 하면 B가 된다.

실제 행동: 실력을 쌓으면(A) 결과가 나올 것(B)이다.

삶의 진실: 실력을 쌓아도(A) 확률적 필터를 거쳐야(C)
결과로 나온다(B).

- 주사위 이론

확률적 필터를 늘리는 사고방식과 방법론은 다른 장에서 더 자세히 다룰 예정이다. 잠깐 퀴즈를 풀어보자. 일상적으로 일어나는 사고방식의 오류를 지적하기에 적절한 예가 될 것이다.

1.2.3.4.5.6	VS	3.17.19.23.28.35

당신에게 누가 로또를 사서 아무 대가 없이 주겠다고 한다. 2개의 숫자 조합 중 하나만 선택할 수 있다는 조건이다. 당신은 왼쪽과 오른쪽 숫자 조합 중 어느 쪽을 선택할 것인가? 아마도 오른쪽을 선택할 것이다. 왼쪽의 숫자 조합을 보면 '절대 당첨이 안 될 것 같은데?'라는 생각이 들 테니까. 반면 오른쪽 숫자 조합을 보면 '혹시 당첨될지도 모르겠는데?'라고 생각한다. 대부분이 그렇다.

왼쪽과 오른쪽 2가지 숫자 조합의 당첨 확률은 정확히 일치한다. 그런데도 우리의 사고와 감정에서 차이가 나는 이유는 무엇일까? 대부분은 어떤 요인으로 우연을 좌우할 수 있다고 믿는다. 즉 우연을 통제할 수 있다는 사고방식을 가진 것이다. 대표적인 것이 바로 '로또 명당'과 '길몽'이다. 장소와 꿈이라는 변수는 로또 당첨과 아무런 인과관계가 없다. 로또 당첨이 많이 된 곳은 그만큼 사람이 더 많이 몰려서 모수가 많아지는 것일 뿐이다. 자연스레 당첨자가 많아질 수밖에 없다. 상식적으로 1만 명이 로또를 구매한 곳과 100명이 구매한 곳의 당첨 확률은 당연히 전자가 높을 수밖에 없다.

그런데도 인간은 마음가짐이 확률을 변화시키는 듯한 느낌을 받는다. 내가 매수한 주식은 오를 것만 같고, 내가 투자한 부동산 가격은 오를 것 같고, 저 사람이 A를 해서 돈을 벌면 나도 돈을 벌 수 있을 것 같다. 미안하지만 그런 생각에 인과관계는 없다. 그러니 인문사회학 분야에서 누가 "A를 하면 B가 됩니다"라고 한다면 그건 '사기'이거나 '구라'다. "그럴 확률이 높아진다"라고 한다면 그나마 양심 있는 사람이다.

이런 인과론적 사고방식은 실험을 기반으로 하는 이공계열에서 유효할 뿐이다. 실험실에서는 최소 수백에서 최대 수천, 수만 가지 실험과 관찰표본을 바탕으로 도출된 결론을 내놓는다. 그래서 요즘은 "A라는 사람이 하라는 대로 해도 성공 못 합니다" 식의 제목으로 유튜브 영상을 올리기도 한다.

명심하자. 원인에 따른 결과물은 '확률적 필터'를 거쳐야만 나올 수있는 것이 대부분이다. 부자 100여 명과 부자가 되고자 노력하는 1,000여 명의 사고방식을 관찰하고 생각해서 내린 나만의 결론 중 다섯 손

가락 안에 꼽는 것이 이것이다. 뒤에서 자세히 다루겠지만, 당신은 스스로 가진 '카드 패'의 숫자를 늘려야 한다. 주변에 이성이 많을수록 주도적인 연애를 하고, 이성이 적을수록 '을의 연애'를 할 확률이 높은 것처럼 말이다.

넘쳐나는
정보와 지식
사이에서

명심해야 할
이것

子曰 學而時習之 不亦說乎
자왈 학이시습지 불역열호
배우고 때로 익히면 또한 기쁘지 아니한가.

공자 《논어》

공자가 살아있다면 묻고 싶다. "과연 학과 습이 이 시대를 살아가
는 답이 될 수 있을까요?" 공자는 《논어》 1장부터 학(學)을 강조하며 습
(習)이 없음을 경고했다. 배우고 자신의 것으로 익히지 않으면 아무런
쓸모가 없다는 의미다. 백 번 천 번 맞는 말씀이다. 그런데 내가 관찰
한 부자가 되고 싶은 1,000여 명의 사람들은 이 말을 조금 다르게 받아
들이고 있었다. '무조건' 배워서 익히면 원하는 것을 얻을 수 있다는 단
편적인 사고방식으로 말이다. 앞서 지적한 주사위 이론을 적용할 것도
없이, 인과론적 사고방식에 철저하게 찌들어 있음을 느꼈다.

다른 누군가의 말은 걸러 들어야 한다. 그리고 왜 그렇게 말했을지
생각의 배경을 알아야 한다. 공자가 살던 춘추전국시대 지식의 양은
지금과는 비교할 수 없을 정도로 적다. 질적인 차이는 논외로 하자. 한
달 동안 대한민국에서 출간되는 책의 권수가 춘추전국시대의 그것과

맞먹지 않을까. 참고로 대한민국에서는 하루 평균 700권이 출간된다. 대략 잡아도 한 달이면 20,000여 권에 달한다. 도저히 인간의 능력으로 따라잡을 수 없을 정도로 정보와 지식이 넘쳐난다. 공자가 살던 시대에는, 열심히만 한다면 구할 수 있는 책은 다 읽을 수 있었을지도 모르겠다. 하지만 지금은 아니다. 자원이 풍족해진 만큼, 정보와 지식도 '과잉 공급'되고 있다. 이런 상황에서 뭔가를 배워서 시대를 따라잡을 수 있다는 생각은 오만하지 않을까.

당신이 골라서 구매한 책만 해도 그렇다. 서점에 가서 서문을 읽고 나에게 맞는 책을 고르는 경우보다, 베스트셀러와 광고를 통해 '익숙한' 책을 선택하는 경우가 더 많을 것이다. 누군가의 추천 역시 마찬가지. 내가 믿고, 구독하고, 따르는 '그분'이 좋다고 하면 일단 눈길이 간다. 세상에는 내용이 더 좋은데도 출판사와 서점의 이해관계에 따라 빛을 보지 못하고 사라지는 책들이 '확률적으로' 더 많다.

어디 책뿐이겠는가. 대기업들이 광고비로 천문학적인 비용을 쓰는 이유도 '익숙한 것이 좋은 것'이라는 대중들의 인식 때문이다. 지식도 마찬가지다. 그러니 당신이 자주 접한 지식을 세상의 빛으로 여기고 삶의 이정표로 삼는 것을 항상 경계해야 한다.

세상에 절대적인 것은 없다. 절대적인 것이 없다는 사실만이 절대적일 뿐이다. 아무리 좋은 책도 독자 수준에 맞지 않으면 그저 종이 더미에 불과하다. 수준에 맞는 정보와 지식이 그만큼 중요하다. 그렇지 않으면 뱁새가 황새를 따라가다 다리가 찢어지는 형국이 되어버린다.

혹은 그들을 위해서 당신의 지갑을 열어버리거나.

이도 저도 아닐 바에야 차라리 '고전'을 읽는 게 낫다. 시대에 부합하고 인기에 따라 팔리는 지식과 정보는 유통기한이 짧다. 하지만 고전은 다르다. 이미 인류 역사라는 시간이 증명했고, 또 그걸 읽은 수많은 사람이 재증명한 결과라서 그렇다. 고전은 비어 있는 곳이 많다. 그래서 읽는 사람에 따라 그 공간이 다른 느낌으로 채워진다. 그 과정에서 자신만의 사고와 철학이 만들어지는 것이다.

정보와 지식도 인공지능으로 대체할 날이 얼마 남지 않았다. 저장하고 꺼내 쓰는 기능은 이제 기계가 대신할 것이다. 인간의 역할은 판단하고 결정하는 일로 옮겨질 것이다. 앞으로의 시대에 살아남아 의미 있는 역할을 하고 싶다면 생각하는 힘을 길러야 한다. 제대로 볼 줄 아는 안목을 길러야 한다는 뜻이다.

세상의 정보와 지식에 뒤처졌다고 불안해하지 말자. 아무리 열심히 따라가도 이미 뒤처질 수밖에 없는 시대에 살고 있다. 불안해할 것은 정보와 지식의 양과 속도가 아니라 '생각하는 힘'이다. 그 어떤 사람의 지혜나 지식이라 할지라도, 그 완성도가 아무리 높아도 내가 소화할 능력이 없다면 쓸모없다.

아무도
말해주지 않던

돈의
정확한 개념

視而不見 聽而不聞
시이불견 청이불문
보아도 보이지 않고, 들어도 들리지 않는다.

증자 《대학》 정심장

딱 10초만 다음 질문에 대해 생각하고 다음 장으로 넘어가 보자. 마음 같아선 1분 정도 생각하라고 하고 싶다. 하지만 다들 인내심이 그렇지 못하다는 것을 알기에 10초만 생각해 보자고 제안한다.

돈이란 무엇인가?
- 당신에게 던지는 질문

돈을 싫어하는 사람은 없을 것이다. 부자가 되고 싶다면 이 물음에 대한 명확한 자신만의 답이 필요하다. 부자가 되고 싶다면 '돈에 관한 자신만의 개념'이 있어야 한다. 나 역시 많이 고민했다. 나도 원하는 때에 원하는 만큼 돈을 벌고 싶었다. 그래서 돈이 무엇인지를 알아야 했다.

경제활동을 하는 사람들은 돈을 번다. 그들 중 대부분은 돈이 많은 사람 즉 부자가 되길 갈망한다. '경제적 자유'라는 말에도 익숙하다. 재미있는 건 우리 삶을 되돌아봤을 때 돈에 대해 가르치는 곳도 없고, 또 그 개념과 의미를 제대로 정립하려고 진지하게 고민하는 사람도 없다는 점이다. 부자 100여 명과 부자가 되기 위해 노력하는 사람 1,000여 명은 돈에 대한 개념 자체가 명확하게 달랐다.

차이는 단순하고 분명하다. 바로 신뢰할 수 있는지 아닌지의 차이다. 일상생활에서 만나는 모든 재화의 가격은 '신뢰'를 일 순위에 두고 책정된다. 당신이 지속적인 두통에 시달리고 있다고 가정하자. 약국에 가서 두통약을 구매한다. 이유는 분명하다. 1만 원 이내로 두통을 해결할 수 있을 거라는 신뢰가 있기 때문이다. 약을 먹어도 두통이 해결되지 않는다면, 당신은 더 이상 약국에서 약을 구매할 이유를 느끼지 못한다. 그래서 병원을 방문한다. 두통이 심각해서 MRI 촬영을 하고 결국 100만 원에 가까운 진료비가 들었다. 그렇게 큰돈을 지불하는 이유 역시 두통을 해결할 수 있을 것이라는 신뢰 때문이다.

부자가 되는 방법의 본질이 이것이다. 신뢰의 값어치를 올리면 된다. 똑같은 재화를 팔더라도, 구매자에게 줄 수 있는 신뢰의 정도에 따라 얼마든지 가격을 올릴 수 있다. 나는 이런 생각으로 신뢰 수준을 높이기 위해 노력해 왔다. 지금까지 살면서 신뢰 비용으로 가장 많이 책정했던 첫 금액은 월 1,000만 원이었다. 상대방의 고통과 기회비용까지를 고려해 나를 통해 얻을 수 있는 가치를 정확하게 제시한 결과였다.

상대방도 동의하고, 기꺼이 그 비용을 감수했다. 이후 특정 프로젝트와 관련하여 내 능력을 믿고 계약서에 책정된 금액은 45억까지 늘었다.

"당신이 가진 고민을 해결하기 위해 저란 사람을 구매한다고 생각하시면 됩니다. 가격은 1개월 기준 1,000만 원입니다."

돈의 정체와 개념을 모른 채 돈을 모아 부자가 될 수는 없다. 결국 돈이라는 것은 신용을 수치화한 것이다. 가치인식과 신뢰는 주관적이라 사람마다 다르게 느낄 수 있다. 그래서 담보할 수단이 필요한데 그게 바로 돈이다. 그러니 부자가 되고 싶다면 믿을 만한 사람이 되는 것이 최우선이다. 당신의 가치를 입증할 수 있고, 그에 상응하는 비용이 바로 돈이라서 그렇다.

부자가 되고 싶은 1,000여 명은 이 사실을 간과했다. 그저 돈을 잘 버는 방법, 마케팅 잘하는 방법, 사업 잘하는 방법 등 당장 어떡해야 하는지 방법(How)만을 찾아다닌다. 돈을 벌기 위해 무엇을 해야 하는지 (What)를 끊임없이 갈구한다. 답은 이런 것들에 있지 않다.

부자 100여 명은 항상 이런 상황에 대한 준비가 철저했다. 돈이란 신용을 수치화한 것이니, 당신이 부자가 되고자 한다면 지금 당장 당신의 신용을 입증하고 얻어낼 방법을 고민해야 한다. 이것이 돈을 벌기 위해 당신이 가장 먼저 해야 할 일이다.

돈보다는 신용,
수익화를
되도록

늦춰야 하는
이유

돈을 벌지 말고 신용을 벌어라.
'신용을 가진 자'는 현대의 연금술사다.

니시노 아키히로

어렸을 적부터 사업하는 친척이 많은 환경에서 자랐다. 그분들이 귀에 못이 박히도록 했던 말이 있다. 학창 시절 나는 '돈을 많이 벌고 싶다'를 입에 달고 살았는데, 그럴 때마다 어머니도 이 말을 자주 해주셨다.

"돈은 쫓아가려고 하면 도망간단다. 그러니 네가 돈을 쫓아가지 말고 돈이 너를 따라오게 만들어야 해."

단 한 번도 "그 방법이 뭔데요?"라고 묻지 않았다. 그저 곰곰이 그 의미를 되새기고 곱씹을 뿐이었다. 이제 그동안 정립한 생각을 독자인 당신과 나누려고 한다.

바로 앞 장에서 '돈은 신용을 수치화한 것'이라고 말했다. 그렇다면 돈을 잘 벌 수 있는 한 가지 확실한 방법이 있다. 바로 수익화를 늦추는 방법이다. 수익화를 늦춰 돈을 내겠다는 사람들을 줄 세우는 것이다. 그러면 당신이 특정 상황에서 벌 수 있는 돈을 최대화할 수 있다.

제대로 이해해야 하니 간단한 예를 들어보자. 결혼 적령기 남녀의 연애를 생각하면 언뜻 '연애 시장'이라는 단어가 떠오를 것이다. 훌륭한 표현이라고 생각한다. 연애를 잘하는 것은 돈을 잘 버는 것과 공통점이 많다. 만약 나중에 돈을 잘 버는 방법에 대해 도제식으로 가르쳐야 한다면, '이성 100명과 교제하기'라는 미션을 줄 것이다. 지금부터 '수익화를 되도록 늦춰 줄 세우기' 원리를 핵심만 간단히 설명해 보겠다.

① 필요성의 원리
② 희소성의 원리
③ 긴급성의 원리
- 돈을 벌어들이는 3가지 원리(feat. 연애 시장)

첫 번째, 필요성의 원리다. 수익화를 늦춰 줄 세우기를 위해 필요한 원리는 딱 3가지다. 필요성, 희소성, 긴급성을 적절히 활용하면 된다. 연애로 예를 들어보자. 수익화를 늦춘다는 것은, 사귀는 타이밍을 늦추고 '썸 타는' 것과 비슷하다. 수익화가 된다는 것은 0에서 숫자가 바뀌는 상태변화를 말한다. 연애도 마찬가지다. 썸은 아직 상태변화가 확정되지 않았으며, 아직 과정 중이라는 말이다. 그래서 수익화를 늦추는, 즉 썸 타는 기간을 늘리면 급한 사람이 서두르게 된다는 효과가 생긴다.

자연스럽게 상대방의 진정성을 확인할 수 있다. 말로는 세상 모든 것을 다 가져다줄 것 같고, 원하는 것을 다 이뤄줄 것 같다가도 연애가 시작되면 시간과 반비례해서 그 열정이 식어가는 걸 누구나 겪어봤을 것이다. 수익화를 늦추면 상대방이 얼마나 내 상품과 서비스를 원하는지 확인할 수 있다. 진정으로 필요한 사람은 시간이 늦춰져도 남을 것이고, 단순한 호기심이었다면 떠날 것이다. 이것이 필요성의 원리다.

자연스럽게 정말 필요한 사람만 구매할 것이기 때문에 가격을 더 높이거나 연계상품을 판매할 수도 있다. 소위 '업 셀링, 크로스 셀링'이 가능해진다. 급하면 급할수록 구매자 본인도 필요성의 정도를 잘 모르고, 판매자 역시 상대방이 충동구매인지 아닌지 가늠할 수 없다. 이런 상태라면 판매의 지속성에도 문제가 생긴다.

앞서 언급한 확률적 필터링을 거쳐야 한다는 말도 이 맥락에 따른 것이다. 나이트클럽에서 만나 연애하게 된 경우와 소개팅에서 만나 연애하게 된 경우, 진정성 있는 연애와 지속성에서 어느 쪽의 성공 확률이 높을까? 만난 장소와 상황의 특성을 고려하면 성급한 의사결정을 하게 될 확률은 전자에 가깝다.

나이트클럽에서 만난 경우 vs 소개팅에서 만난 경우
확률적으로 의사결정의 진정성이 높은 쪽은 자명하다.

사람 만나는 장소에 대한 편견은 없다. 다만 '확률적으로' 높다는 전제를 두고 어느 쪽을 선택할지 기회비용을 고려할 뿐이다.

두 번째, 희소성의 원리로 넘어가 보자. 줄 세우기는 아주 간단한 원리로 가능하다. 공급량보다 수요량이 많아지면 된다. 수요량이 많아지려면 희소해야 한다. '희소하다'라는 말은 가치가 높다는 뜻이기도 하다. 따라서 어떻게 하면 가치를 높일지 끊임없이 고민한 사람만이 희소성에 따른 장점을 누릴 수 있다. 그렇다면 연애 시장에서는 어떨까?

연애 시장에서는 타고난 것으로 좌우되는 부분이 많다. 일단 외모부터 시작한다. 남자일 경우 키가 180cm 이상인 경우와 아닌 경우를 들 수 있겠다. 그 외에도 보편적으로 사람들이 가치 있다고 느끼는 요인이 희소성을 가진다. 돈을 잘 버는 능력이 있다면 역시나 가치를 높이는 카드가 될 수 있다. 학벌 역시 가치입증의 카드가 된다. 그 외에도 성격, 가치관 등 여러 카드가 있을 것이다.

결국 연애는 남녀 불문하고 일반적으로는 가지고 있는 패, 즉 카드 패를 누가 더 많이 가지고 있는가에 따라 희소성이 결정된다. 물론 예외는 있다. 가지고 있는 카드가 희귀할 경우, 즉 '레어템'이라면 이야기는 달라진다. 아빠가 이재용이거나 장동건이면 그 자체로 레어템이 된다. 후천적인 요인보다 선천적인 요인이 희소성에 작용할 확률이 높은 것이 연애 시장이다. 우리가 뭔가를 판매할 때는 이보다 덜하니 얼마나 다행인가. 취직할 때도 역시나 이런 희소성의 원리가 적용되며, 장사나 사업을 하더라도 어떻게 하면 희소성을 높일지를 고민해야 한다.

세 번째, 긴급성의 원리다. 줄을 세우려면 상대방을 더 안달 나게 만들어야 한다. '급한 것은 내가 아니라 상대방'이라는 프레임이 만들어져야 이 원리가 작동한다. '패닉 바잉, 오버 페이'라는 충동구매도 이런 원리의 예시다. 연애라고 다를 게 없다. 일반적으로 여성보다 남성이 더 연애에 적극적인 경우가 많다.

특히 클럽이나 술집 같은 밤 문화에서라면 급한 쪽은 남자다. 개인적 이유는 다르겠지만 일반적으로 본전을 뽑고 싶어 하는 심리의 결과다. 남자는 여자보다 성욕이 강할 확률이 높다. 그래서 이성이 다가올 확률보다 이성에게 다가가야 할 확률이 더 높다. 이래저래 확률적인 필터가 여러 개다. 그 결과 조급해지는 것이다. 하지만 여자는 다르다. 다르게 의도한 것이 아니라 상황이 그렇다. 급한 쪽이 먼저 움직이게 되어있고, 더 적극적일 수밖에 없는 게 세상 이치다. 당신이 뭔가를 잘 팔고 싶을 때도 마찬가지다.

일반적으로는 인원, 기간, 수량 한정으로 긴급성을 높이려고 시도한다. 하지만 이런 수단들로는 일시적인 효과를 볼 뿐이다. 지속적으로 이 긴급성의 원리를 활용하려면 프레임 설정이 중요하다. 그래야만 가치입증의 번거로움이 줄어들고, 수익을 위한 파이프라인도 지속적으로 이뤄질 수 있다.

돈보다는 신용을 벌어야 한다. 이를 위해서는 수익화에 조급하면 안 된다. 단순하게 호감이나 호기심을 활용하는 것은 일시적일 뿐이다. 신용을 얻어야 오래갈 수 있다. 나는 신용을 얻는 것의 중요성, 이를 위해 수익화를 되도록 늦춰야 한다는 사실을 항상 명심하며 사업 구조에 적용해 왔다. 앞으로도 마찬가지 전략을 사용할 것이다.

이 전략을 활용해 프로젝트 두 개를 진행해 본 적이 있다. 나는 블로그를 적극적으로 활용하는 것을 좋아한다. 블로그는 본격적으로 마케팅 자금을 투입하기 전에 '프리토타입(Pretotype)'으로 시장의 반응을 확인할 수 있다는 큰 장점이 있다. 두 개의 프로젝트는 똑같은 패턴으로 진행되었다. 공통점이라면 약 100일 안에 수익을 거두었다는 점, 블로그 마케팅을 활용했다는 점, 초반부에는 가치입증을 위해 귀중한 정보나 노하우를 알려줬다는 점이다.

프로젝트 기간 100일 중 70일 동안 내가 한 것은 ① 신용을 얻기 위해 노력했고, ② 이를 위해 가치 있는 뭔가를 제공했고, 마지막으로 ③ 수익화에 대한 언급을 일절 하지 않았다. 내가 먼저 "저는 ○○○을 제공할 수 있고, 가격은 얼마입니다"라고 말한 적이 없다. 무조건 상대방이 먼저 "○○○을 얻으려면 어떻게 해야 하나요?", "○○○은 얼마인가요?"라고 물어야만 대답했다. 연애 시장 논리와 비슷하다.

결과물의 형태는 조금 달랐다. 첫 번째 프로젝트는 수익화 시작 5일 만에 6,000만 원이라는 순수익을 거두었다. 반면에 두 번째 프로젝트는 매일 100만 원씩 순수익이 일어나게끔 조금 더 지속성 있게 세팅되었다. 큰 틀과 원리는 알려주었으니 구체적인 방법론은 내 목소리나 얼굴을 직접 볼 수 있는 날로 '늦추도록' 하자. 이번 장의 내용을 단 다섯 줄로 요약해서 마무리하려고 한다.

돈을 벌기보다는 신용을 벌어라.
수익화의 시점은 늦추면 늦출수록 좋다.
필요성, 희소성, 긴급성을 잘 활용하라.
그것이 바로 당신이 돈을 쫓아가지 않고
돈이 당신을 쫓아오게 만드는 방법이다.

Chapter 3

시간의 힘,
시간을
내 편으로
만들어라

실력이
중요하다는

거대한
착각

자신이 하고자 하는 일의 기본에 대해 더 많이 알수록,
더 많은 새로운 지식을 얻을 필요는 줄어든다.

찰리 멍거

우리 사회에는 '성공하기 위해서는 실력을 쌓아야 한다'라는 획일적인 사고방식이 만연한 듯하다. 과연 성공을 위해 실력을 쌓아야만 할까? 결론부터 말하자면, 실력은 성공이나 성과의 필요조건이지만 충분조건은 아니라고 생각한다.

우리는 결과를 컨트롤할 수 없다.
하지만 우리는 과정을 컨트롤할 수 있다.
과정에 초점을 맞춘다면,
우리는 좋은 결과를 만들 가능성을 극대화할 수 있다.
- 고등학교 2학년 시절 깨달은 사실

본격적인 이야기를 하기 전에 경험담을 소개한다. 중학교 3년 동안

나의 내신성적 종합순위는 전교 3등이었다. 중학교를 전교 3등으로 졸업하고, 고등학교에 전교 5등으로 입학했다. 그런데 극심한 슬럼프에 빠졌다. 오죽했으면 나를 서울대에 보낼 거라고 자랑하던 담임 선생님이 매를 드셨을까 싶다. 그것도 교무실에서 말이다. 정년퇴임을 앞두고 마지막으로 맡은 담임 자리였는데, 나라도 화가 났을 것 같다. 전교 5등이라는 입학성적이 전교 45등까지 추락한 상태였다.

담임 선생님은 그해 겨울 출근길에 지병인 당뇨 합병증으로 돌아가셨다. 나의 성적 회복을 보지 못한 채였다. 선생님의 마지막 등굣길은 나의 여느 등굣길이기도 했다. 담임 선생님이 돌아가신 게 적잖은 충격으로 다가와 나를 각성시켰다.

그 후 고등학교 2학년에 올라가 치른 첫 중간고사 성적은 극적으로 바뀌었다. 기말고사를 앞둔 시점, 나는 어머니께 한 가지 부탁을 드렸다. 징크스가 너무 많아서 스트레스가 심하니 혹시 이번 시험성적이 떨어지더라도 화를 내지 말아달라고 말이다. 그만큼 징크스를 깨고 싶었다.

지금 생각하면 극도의 강박증이었다. 등굣길에도 내가 걷는 길의 발자국 수와 위치가 맞아야 했고, 횡단보도를 건너는 나만의 규칙도 있었다. 혹여 내 필기구를 친구가 쓰기라도 하면, 그 필기구를 친구에게 그냥 주거나 버리기까지 했다. 부정 타서 시험을 못 볼 것 같은 느낌이었다. 그 외에도 징크스가 너무나 많았다. 그렇다 보니 시험 하나를 볼 때마다 정신적인 스트레스가 이만저만이 아니었다. 그걸 깨고 싶어서 일

부러 어머니께만 미리 말씀드리고 각오를 다졌다. 일부러 전부 반대로 해보기로. 그래서 정말 시험 기간 내내 막살았다. 징크스라고 생각했던 행동만 골라서 일부러 했을 정도로. 결과는 어떻게 되었을까.

시험 10과목 가운데 틀린 문제는 단 4개, 평균 99.95점이었다. 믿기지 않았다. 중학교 3년 내내 평균 96점이 유리천장처럼 느껴졌기에 체감점수는 그 이상이었다. 당연히 꿈에 그리던 전교 1등을 드디어 한 번 해보게 될 줄 알았다. 하지만 결과는 전교 4등이었다. 1개만 틀린 녀석이 있었고, 나머지 세 명이 똑같이 네 문제씩 틀렸지만, 배점 차이로 나온 결과였다. 만약 그때 전교 1등을 했더라면, 인생에서 중요한 요소를 깨닫는 데 더 오래 걸렸을 것이다. 지금은 오히려 그 결과에 감사한다. 고등학교 2학년 시절의 이 경험은 지금까지 살면서 강력한 이정표가 되었다.

깨달음 ①
통제할 수 있는 영역은 결과가 아니라 과정뿐이다.
그러니 내가 통제할 수 있는 영역 그리고 과정에만 집중한다.
그 외에는 스트레스를 받거나 걱정하지 않는다.

깨달음 ②
인과관계 혹은 그보다 약한 상관관계(예를 들어 징크스)를
명확하게 구분한다.

인간이 하는 행위 대부분은 덧셈이 아니라 곱셈의 결과물이다.

- 전 과목 평균 99점이라는 성적으로 전교 4등을 한 뒤 얻은 깨달음

앞에서 '실력은 확률적 필터를 거쳐야만 결과로 나온다'라고 주사위 이론을 설명했었다. 복습 차원에서 다시 살펴보자.

사고방식: A를 하면 B가 된다.
실제 행동: 실력을 쌓으면(A) 결과가 나올 것(B)이다.
삶의 진실: 실력을 쌓아도(A) 확률적 필터를 거쳐야(C) 결과로 나온다(B).
- 주사위 이론

고등학교 2학년 때의 이 경험은 삶을 살아가는 마인드셋 기능을 했다. 그 후로 부자 100여 명과 부자가 되고자 노력하는 1,000여 명의 사람들을 만나고 대화하며 관찰한 후 구체화해서 내린 결론이 바로 이 주사위 이론이다. 나는 노력이라는 개념을 대하는 일반적인 방식에 의문을 품고 있다. 노력은 잘못된 헛수고이자 '삽질'로 평가받는 '노오력'일 가능성이 상당히 높다. 그런데도 사람들 대부분과 우리 사회는 노력을 강조한다. 아마도 '노력 → 실력 → 성공'이라는 인과론적 사고방식이 낳은 폐단이 아닐까 싶다.

　VUCA화한 시대에 살고 있는 지금, 우리 주변을 둘러보자. 몇 가지 분야만 생각해 봐도 결론은 빠르게 나온다. 나는 개인적 경험에 이론적, 실험적 확신을 더하고 싶었다. 그래서 책을 찾았다. 2차 재생산이 많은 국내 저자가 쓴 책이 아니라 해외 저자를 우선 고려했다. 그리고 나만의 생각이 아님을 확인했다.

가장 운동을 잘하는 유튜버가 구독자 수가 많은가?
아니다!
가장 치료를 잘하는 의사가 가장 많은 수입을 올리는가?
아니다!
특정 분야에서 가장 뛰어난 사람이 가장 많은 부와 명예를 얻고 있는가?
아니다!
실력이 중요하다는 착각을 되도록 빨리 버려야 한다.

　지난 몇 년간 정말 다양한 책들을 봤다. 그중 걸러내고 남은 책 4권을 가지고 사람들과 언젠가는 해보고 싶은 것이 있다. 내가 경험한 이런 사고의 전환을 다른 사람들과 나누고 함께 성장하고 싶다. 부자 100여 명을 만나 대화하면서 확신했고, 부자가 되고자 노력하는 1,000여 명의 사람들을 만나면서 더욱 열망이 가득해졌다. 흔한 자기계발서,

동기부여 같은 것들이 아니다. 이제 그런 책들은 거르게 된다. 이론적, 실험적 결과도 없이 그저 자신의 얕은 실력으로 운이 좋아 거둔 성공을 마치 성공의 방정식처럼 이야기하는 것에 질릴 때도 됐다고 생각한다. 하지만 여전히 자기계발 '뽕'에 취하고 싶은 사람들이 있다. 더 대단한 실력과 덕목을 갖춘 전국의 조용한 실력자들이 있는데도 대다수는 보지 못하는 것처럼 말이다.

당신은 운과 실력을 구분할 때 무엇이 중요하다고 생각하는가? 운이 미치는 영향이 작을 때는 인과관계가 밀접하다. 반대로 운이 미치는 영향이 클 때는 인과관계가 분명치 않다. 의사결정이 정확해도 실패할 수 있고, 의사결정이 빗나가도 성공할 수 있다. 마찬가지로 실력이 충분해도 원하는 걸 얻지 못할 수 있고, 실력이 조금 부족해도 원하는 걸 얻을 수도 있다. 그래서 나는 오늘도 내가 가진 카드 패를 늘리는 쪽으로 움직이고 있다. 45억짜리 계약서뿐만 아니라 앞으로 펼치게 될 사업계획이나 상위노출 같은 자잘한 기술까지 모두 마찬가지 패턴이라 생각한다.

세상을 단순히 SEE 하지 말고 WATCH 해야 하며, HEAR 하지 말고 LISTEN 하길 바란다. 그것이 증자가 강조했던 '시이불견 청이불문'이다. 이 능력이 있어야 시간이 당신 편이 될 것이다.

시각능력이 있으면 의도하지 않아도 보이는 SEE

시각능력이 있어도 의도를 가지고 잘 봐야 하는 WATCH

청각능력이 있으면 듣고 싶지 않아도 들리는 HEAR

청각능력이 있어도 의도를 가지고 잘 들어야 하는 LISTEN

- SEE와 WATCH, HEAR과 LISTEN의 차이

사람이 아닌 상황을

믿어야 하는 이유

사람을 믿지 말고, 상황을 믿어라.

영화 〈불한당〉 中 설경구, 한재호 역

Chapter 3의 주제는 '시간을 내 편으로 만드는 방법'이다. 그렇다면 빠질 수 없는 것이 바로 사람을 보는 관점일 것이다. 우리가 겪는 현상과 사건은 사람의, 사람에 의한, 사람을 위한 것들이 대부분이기 때문이다.

"우리가 하는 일은 사람이 사람에게 하는 일이죠.
그러니까 사람 냄새나게 일해야 합니다."
- 직원들에게 강조하는 말 중 하나

사람을 보는 안목만 잘 길러도 대다수 위기를 벗어날 수 있고, 행운까지도 의도치 않은 선물처럼 찾아온다. 나는 어렸을 적부터 집안 어른들에게 사람 보는 안목의 중요성에 대해 배워왔다. 나름대로 시행착오도 거치고, 노력도 해봤다. 하지만 그것만으로는 부족했다. 좀 더 사람에 대한 명확한 판단기준과 의사결정 능력이 필요했다. 나뿐만 아니라 누구나 그럴 것이다.

앞서 설명했듯이 통제할 수 있는 것과 없는 것의 구분은 몹시 중요하다. 실력을 운으로 착각하고, 운을 실력으로 착각하면 대참사와 마주할 가능성이 높기 때문이다. 통제 가능성에 대한 구분은 결국 대상을 객관과 주관 중 어느 영역으로 볼 것인지가 1차 기준이다. 인간관계도 예외일 수 없다. 그렇다면 인간관계 혹은 대인관계는 운의 영역일까, 실력의 영역일까?

목표(Goal), 사람(Person), 상황(Situation) - 내가 생각하는 인생의 G.P.S

결론부터 말하자면, 대인관계 영역에 관한 모든 것은 객관-주관이라는 기준, 운-실력이라는 영역과 상관없이 고민할 필요성 자체를 느끼지 못한다. 나는 사람보다 상황을 우선해서 보는 것이 더 합리적이라고 믿는다. 이해를 돕기 위해 내가 생각하는 '인생의 G.P.S' 개념을 소개하겠다. 어떤 상황과 사건을 마주할 때 항상 이것을 판단기준으로 놓고 바라보는 편이다. 목표(Goal), 사람(Person), 상황(Situation)의 앞 글자를 딴 G.P.S는 주어진 환경을 판단하기 위해 내가 만든 개념이다. 개인의 생각이나 판단이 가장 많이 개입될 수밖에 없는 영역이 목표라고 할 수 있다. 그다음이 사람, 상황 순이다. 상황이 이 3가지 중 '그나마' 객관적이고 통제할 수 있는 영역이라는 말이기도 하다.

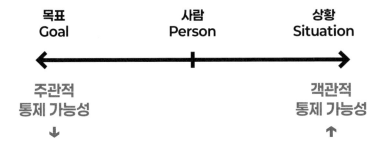

오해하지는 말자. 상황이 어떻게 객관적이며, 통제 가능한지 의문을 제기하는 사람이 있을 수 있다. 이 개념은 철저히 상대적이라는 의미로 해석하는 것이 합리적이다. 그리고 이 논의는 Chapter 3의 주제인 '시간을 내 편으로 만드는 방법'이라는 전제하에서 의미가 있을 뿐이다. 이것은 그저 개인적인 생각이고 판단이다. 당신이 믿고 싶은 가치가 있다면 스스로 사고하고 이해할 수 있으면 된다.

우선 '목표'부터 보자. 목표는 목표일 뿐이다. 목표는 지향점에 불과하다. 목표 자체의 가치를 부정하는 것은 아니다. 하지만 판단을 통해 시간을 내 편으로 만들기에 목표는 지나치게 주관적이다. 아무리 목표를 구체화하고 측정할 수 있는 것으로 정해도 그것은 아직 실체가 없다. 그저 생각과 마음속에서 나온 것일 뿐이다. 현재를 기점으로 미래를 향해 나아가는 과정에 의미가 있으니 나는 목표에 큰 의미를 두지 않는다. 지향점 설정과 더불어 마음가짐 정도로 활용하는 것, 그 이상도 그 이하도 아니다.

내일 죽을지도 모르는 것이 운명이다. 목표만을 우선한다면 현재를 희생해야 하거나, 심지어 잃어버릴 수도 있다. 목표가 왜 주관적이고 통제 가능성이 떨어지는지는 수많은 예시를 통해 확인할 수 있다. 당신의 삶을 생각해 보라. 당신은 살면서 수많은 목표를 세우며 살아왔을 것이다. 하지만 목표를 세우고, 이를 위한 계획이 의지대로 진행된 적이 있었는지 묻고 싶다. 나 역시 마찬가지다. 그렇기에 목표는 세우되, 그것 자체에 집착한 적은 없다. 그저 방향성일 뿐이다.

목표 수립과 목표 발표라는 환경에 자주 노출된 탓도 있다. 그 모든 상황을 가만히 지켜보면서 그저 각자의 생각일 뿐이라는 결론에 이르렀다. 주관적이고, 통제 불가능성이 만연한 것이 목표인 것 같다. 그래서 나는 누군가의 목표 발표에 크게 신경 쓰지 않는다. 그것보다는 차라리 상황을 어떻게 만들 것이고, 만들어가고 있는지에 훨씬 집중하는 편이다. 현역 시절 '핵주먹'으로 유명한 마이크 타이슨도 이런 이야기를 했다.

**Everyone has a plan
until they get punched in the face.
누구나 그럴싸한 계획이 있다.
처맞기 전까지는.**

그렇다. 누구나 다 계획은 있다. 세상과 현실이라는 풍파를 만나기 전까지는 아주 근사하기까지 하다. 하지만 막상 실전이 시작되면, 모든 계획은 엉망진창이 되고 만다. 당신도, 나도, 우리가 모두 부족해서 그런 것이 아니다.

이제 '사람'을 볼 차례다. 사람은 절대적이지도, 상대적이지도 않은 존재다. 아니, 사람뿐만 아니라 이 세상에 존재하는 모든 것이 마찬가지다. 우선 사람은 시간에 비례하는 관계성에 따라 어느 정도 규정되는 특성이 있다. 사람 사이의 관계성은 기본적으로 '메타인지'라는 게 작동한다. 게다가 각자 살아온 삶의 궤적이 달라서, 어느 정도 시간을 가지고 살펴보면 어떤 사람인지 대략적인 가늠할 수 있다. 그래서 목표보다는 주관적인 요소를 줄일 수 있다. 하지만 어디까지나 예상치일 뿐이다.

"남편이 결혼하더니 변했어요."
변한 게 아니라 원래대로 돌아갔을 뿐이겠죠.

"제가 아는 사람은 성공하니까 변한 것 같아요."
사람은 환경에 따라서 변하는 게 디폴트인 겁니다.
무조건 변한다고 생각하고 시작해야 변하지 않음에
감사할 수 있죠.

사람은 무조건 변한다. 변치 않는 사람이라는 건 존재하지 않는다. 세상 만물이 그러하다. 누군가가 변하지 않으리라 생각하는 건 지나온 시간에 대한 믿음이 아닐까 싶다. 이 글을 읽고 있는 당신조차도 10년 전과 지금이 같지 않다. 그런데도 우리는 과거의 모습을 기억하거나 미래의 모습을 그리면서 사람을 바라보게 된다. 그래서 절대적이지도, 상대적이지도 않은 것이다.

그렇다면 사람 역시도 시간을 통해 내 편으로 만들기에는 위험부담이 따른다. 세포가 60일마다 바뀌듯, 사람이라는 존재 자체가 변한다. 애초부터 착한 사람도 악한 사람도 없다. 철학자들이나 현인들이 사람을 함부로 평가하지 말라는 것도 이런 이유 때문일 것이다. 그저 당신이 원하는 대로 상대방을 바라봤을 뿐이다. 그러니 실망할 필요 없다. 애초에 기대가 없으면 실망도 없을 것이다. 사업하면서 수많은 사람을 만나고, 그들의 고민을 들었다. 대부분의 고민은 사람이었다. 고객을 포함해서 사람으로 인한 고민이 높은 비중을 차지했다.

상대방이 나를 어떻게 바라볼지 고민이다.
나의 이미지를 잘 관리하고 싶다.
고객들이 나의 상품과 서비스를 어떻게 바라볼지
걱정된다.
나에게 도움이 되는 사람인지 아닌지 판단기준을
만들고 싶다.

- 인생의 두 번째 요소인 사람에 관한 고민들

분명한 사실은 동료, 파트너, 구독자, 심지어 고객까지 사람이라는 범주에 들어가는 누구도 예측할 수 있는 범위를 넘는다는 점이다. 애초에 사람 역시 변하는 존재라서 그렇고, 이를 예측하고 기대하다 보니 고민이 발생한다.

결국 시간을 내 편으로 만들기 위해서는 철저하게 '상황'을 믿어야 한다는 결론이 남는다. 우리가 고민하는 요소들은 대부분 상황 파악이 해결의 실마리로 작용하는 경우가 많다. 나 역시도 사람을 믿기보다는 상황을 믿는 연습을 해왔다. 부자 100여 명을 만나 대화하고 이야기하면서 더욱 확신하게 되었고, 부자가 되고자 노력하는 1,000여 명의 사람들을 만나면서 가장 부족한 부분이라고 생각하게 되었다. 부자들은 목표나 사람보다는 상황 판단에 무게 중심을 두는 사고방식을 갖고 있었다. 사업과 투자를 막론하고 이런 사고체계로 세상을 바라보고 있었다. 어찌 보면 당연한 결론이다.

여기서 주의해야 할 점은 상황 자체를 주관적으로 해석하지 말아야 한다는 것이다. 중이 제 머리 못 깎는다는 속담처럼, 사람은 자신이 개입되거나 연관된 일에는 지나치게 우호적이거나 배타적으로 변한다. 최근 주목받는 심리학에서는 다양한 방식으로 이런 '편향'들에 대해 설명한다. 상황에 대한 객관적인 인식은 상대편 상황을 생각해 보는 역지사지 태도로 상당 부분 개선할 수 있다. 못 한다면 그렇게 볼 수 있는 조언자들을 곁에 두는 것이 현명하다. 나한테 600만 원 이상의 고액 상담을 받는 회원들에게 어떤 부분이 가장 도움이 되는지를 물었을 때, 이 지점에 대한 만족도가 컸다.

쓴소리나 돌직구를 던져줄 수 있는 사람을 꼭 곁에 두어야 한다. 동기부여나 잘못된 선택에 도움을 받겠다는 단순한 이유가 아니라, 상황을 객관적으로 보는 시야를 갖기 위해서다. 고슴도치도 제 새끼는 함함하다고 하듯이, 인간 역시 자신과 관계성이 높을수록 잘못된 판단을 하는 경우가 흔하다. 나 역시도 성장 과정에서 시기마다 상황에 대한 객관적인 관점을 제시하는 사람들이 곁에 있었다. 인생의 G.P.S 가운데 가장 신뢰할 수 있는 것이 바로 마지막 S에 해당하는 상황이다.

시간을 당신 편으로 만드는 것은, 목표에 따른 의지나 곁에서 응원하고 함께하는 사람들의 존재 여부가 아니다. 목표나 사람은 변수가 많다. 절대로 그 가치를 부정하는 것은 아니니 오해하지 말자. 목표와 사람이라는 운의 요소가 크게 작용하는 영역 때문에, 실력이 있는데도 불구하고 당신이 원하는 결과를 얻지 못할까 봐 경계하는 것이다. 각종 드라마나 영화에서 벌어지는 '배신'도 높은 확률로 사람을 믿어버리고 상황 파악에 실패했기 때문이다. 사람은 변하는 존재고, 통제할 수 없는 영역이다. 그래서 배신이라는 개념도 성립할 수 없는 개념이라고 생각한다. 명심하자. 상황에 대한 판단력과 의사결정력을 키우는 것이 시간을 당신 편으로 만드는 가장 빠른 방법이다.

더불어 당신이 뭔가를 얻고자 한다면, '상황 설정' 능력을 키우는 것이 도움이 될 것이다. 의지, 노력, 열정이라는 요소는 주관적인 데다가 지속성을 장담할 수 없다. 나도 마찬가지다. 이런 '상황 설정'을 잘 활용해서 원하는 성과를 거둔 경우가 많다.

나는 나 자신조차 믿지 못한다.
다만 어떤 상황에 놓인 나 자신은 믿는다.
- 원하는 것을 성취하는 방식

대한민국 남성이라면 알 것이다. 그리고 여성들도 간접 경험하는 것이 있다. 바로 군대에서 확 바뀌는 남성 말이다. 흔히 정신력이라고 표현하지만, 내 생각은 철저하게 상황에 의해 만들어진 결과물이다. 기상 시간만 봐도 그렇다. 이병 시절에는 누가 깨우지 않아도 벌떡 일어난다. 우리 뇌가 스스로 인지하고 있다. 늦잠 자면 선임들에게 혼이 나고, 군생활이 피곤해질 거라는 사실을 말이다. 하지만 이렇게 '개과천선'한 사람도 진급해서 병장이 되면 다시 돌아간다. 상황이 바뀌었기 때문이다. 이 외에도 우리 일상에서 상황이 만드는 힘은 무궁무진하다.

장기적,
지속적인
성과를 위해

필요한 다양성

다양성이야말로 인생의 향료다.

윌리엄 쿠퍼

대학 시절, 나는 법학과임에도 불구하고 철학과 수업에 관심이 많았다. 그때 철학을 통해 배운 중요한 가르침 중 하나가 바로 '존재의 다양성에 대한 존중'이다. '다양성? 시간을 내 편으로 만드는 데 다양성이 필요하다고?' 이런 의문이 들지도 모른다. 물론 철학적 관점에서 다양성은 폭넓은 시야를 갖추고, 타인에 대한 인정이 필요하다는 맥락과 유사하다. 사업하면서 다양성이 갖는 힘을 여러 번 경험했다. 장기적이고 지속적인 결과를 만들기 위해 꼭 필요한 것이 바로 다양성이다.

① 아무도 '제대로' 예측할 수 없다.
② 무엇이 올바른 방식인지 미리 알 수 없다.
- Chapter 1의 대전제 ① 아무것도 확신할 수 없다는 것만 확신할 수 있다.

내가 경험한 부자 100여 명과 부자가 되기 위해 노력하는 1,000여 명의 차이는 이 지점에도 있었다. 쉽게 말해 부자는 장기적인 관점에서 현상을 바라보았고, 그러기 위해 가진 패를 늘려야 했고, 이를 위해 다양성에 대한 수용성이 높았다. 좀 더 간단히 말하면, 부자들 혹은 성과를 내는 사람들은 '올인'하지 않는 경향을 보였다. 그러나 부자가 아니거나 성과를 내지 못하는 사람들은 쉽게 '올인'한다. '금사빠'처럼 어떤 상황에 근거 없이 감정적으로 반응한다.

'부자나 성과를 내는 사람들은 쉽게 올인하지 않는데, 부자가 아니거나 성과를 내지 못하는 사람들은 쉽게 올인한다'라는 말 중 '쉽게'에 주목해 보자. 이는 주사위 이론에서 언급했던 확률적 필터를 의미한다. 즉, 어떤 의사결정을 내릴 때 여러 단계와 검증을 거쳐서 올인하는 것과, 그렇지 않은 것의 차이라고 볼 수 있다. 각자의 기준에서 검증과 확인을 거쳤다고 말할 수 있다. 안타깝지만 '착각'이다. 예를 들어보자. 여러 팀의 실력을 파악하는 데 어느 쪽이 더 합리적인 방식이라고 생각하는가?

토너먼트 방식 vs 리그 방식
- 우승팀을 가리기 위한 2가지 방식

당연히 후자인 '리그 방식'이다. 토너먼트 방식은 리그 방식에 비해 운이라는 요소가 더 크게 개입될 수밖에 없다. 2002년 월드컵에서 대한민국이 4강에 진출한 이유가 온전히 실력만은 아니다. 천문학적인 돈이 오가는 도박사들 사이에서도 대한민국 4강 진출은 예상치 못한 결과였다.

당신이 의사결정을 할 때, 리그 방식으로 사고한다면 시간은 당신 편이 될 가능성이 높다. 그러나 토너먼트 방식이라면 시간은 당신 편이 아닐 가능성이 높다. 여러 이유가 있겠지만, 장기적이고 지속적인 상황 속에서 확률은 거짓말을 하지 않기 때문이다.

여기저기서 '이상형 월드컵'이라는 걸 본 적이 있을 것이다. 이것이 바로 토너먼트적 사고방식이다. 경쟁이 붙은 두 후보군을 두고 선택해야만 한다. 아까워도 어쩔 수 없이 한 쪽의 희생을 감수한다. 결과를 보면 최선이라고 단정하기엔 뭔가 아쉬움이 남는다. 만약 장기적이고 지속적인 관계를 유지해야 하는 결혼 상황이라면 이런 토너먼트적 선택은 최악일 수 있다.

젊었을 때는 연애를 되도록 많이 해봐라.
- 어른들의 피가 되고 살이 되는 조언

시간을 당신 편으로 만들고 싶은가? 그렇다면 토너먼트적 사고방식을 버리고, 리그적 사고방식을 탑재해야 한다. '금사빠'는 단기적으로는 효율적일지 모르지만, 인생은 길다. 우리 인생은 알 수 없다. 불확실성의 연속이니 꼭 다양성을 확보해야만 한다. 연애뿐만 아니라 당신이 원하는 결과를 얻기 위해서 말이다. 리그적 사고방식은 인생의 시도와 결과 사이에서 안정적인 확률을 보장받기 위해 꼭 필요한 능력이다.

다양한 관점, 다양한 방법, 다양한 재능 등 다양성이라는 예측할 수 없는 상황에 대응하는 힘이 이것이다. 시간을 당신 편으로 만들고 싶다면 '다양성'이라는 단어를 사고체계에 탑재해야만 한다. 금전적, 시간적 투자를 가정해 보자. 2가지 경우의 수가 있다.

삼성전자 주식 1,000만 원 vs 10대 기업 주식 100만 원씩 - 금전적 투자의 한 가지 예시

하체 근육 성장에 올인 vs 컨디셔닝과 밸런스에 집중 - 시간적 투자의 한 가지 예시

인생이 우리 계획과 의지대로 흘러간다면 전자를 선택해도 괜찮다. 하지만 신은 우리에게 결과를 알려주지 않는다. 속된 말로 '까봐야 알 수 있는' 경우가 많다. 내 경우 특히 어떤 사업에 손대거나 의사결정을 해야 할 때, 이 사고방식을 적용하는 게 효과적이었다. 결정적으로 시간이 흘러갈수록 내 편이 된다는 것을 느끼게 되었다. 투입할 수 있는 에너지가 100이라면, 10씩 10개로 나누어서 일정 기간 지켜본다. 그렇게 검증을 거쳐 확신이 생기면 그때 100의 에너지를 모두 투입해도 늦지 않다. 하지만 사람들 대부분은 그렇게 의사결정을 하지 않는다. 가끔 부자나 성공한 사람들이 '올인'했다고 말하고, 실제로 그런 것처럼 보일 수도 있다. 하지만 조심하자. 그저 과정을 설명하는 게 귀찮았거나 각색했거나 운이었을 수 있다. 그것도 아니라면 자신의 우월감을 드러내기 위해서 '올인'했다고 말했을 가능성이 높다.

시간이
내 편이 되는

3가지
강력한 무기

> 확률은 횟수가 거듭되어야만
> 비로소 모습을 드러내기 마련이다.
>
> 다부치 나오야

우승 후보팀이 결국 우승하지 못하거나, 실력이 뛰어난데도 성과를 거두지 못하는 현상들을 보면서 이상하다고 생각한 적이 있을 것이다. 이것은 실력이나 재능이 성과를 보장하지 않는다는 걸 의미한다. 그렇다면 우리가 어떤 성과나 성공을 얻기 위해서 어떻게 하는 것이 현명한 것인지 고민할 필요가 있다. 더불어 장기적이고 지속적인 전략이 필요하며, 다음 3가지로 정리할 수 있다.

① 다양한 대응 수단 확보
② 시행착오를 통한 개선
③ 최대한 빠르고 작은 시작
- 시간을 내 편으로 만드는 3가지 전략

몇 년 전에 외국 원서를 통해 처음 접한 개념인데, 이제는 국내 다양한 서적에서 이것을 인용한다. 성공은 '준비-조준-발사'가 아니라 '준비-발사-조준'이라고 보는 게 더 적절하다는 주장이다. 이를 이번 장에서 설명하는 3가지 강력한 무기와 연관시켜 설명할 수 있다. 다음과 같이 일대일 대응이 된다.

① 다양한 대응 수단 확보 - 발사단계
② 시행착오를 통한 개선 - 조준단계
③ 최대한 빠르고 작은 시작 - 준비단계
- 시간을 내 편으로 만드는 3가지 전략

일단 이 3가지 전략에는 대전제가 있다. 바로 진실은 장기적으로 드러난다는 사실이다. 우리는 시간의 효과를 믿어야 한다. 시간을 내 편으로 만들기 위해서는 '대수의 법칙'이라는 확률 개념을 살펴볼 필요가 있다.

대수의 법칙은 간단하다. 횟수가 늘수록, 실제 확률(통계적 확률)이 수학적으로 예측한 확률(수학적 확률)에 수렴할 가능성이 커진다는 것이다. 매우 당연하고 단순해 보이지만, 시간을 내 편으로 만들기 위해서는 꼭 필요한 개념이기도 하다. 부자들과 부자가 되려는 사람들의 차이도 여기에서 발생한다. 단적인 예가 바로 '초심자의 행운'을 대하는 두 부류의 차이다. 초심자의 행운은 도박에서 유래했다. 도박에 익숙하지 않은 초보자가 우연히 운이 좋아 고수보다 더 큰 이득을 얻을 수도 있다는 것이다. 아직 통계적 확률에 수렴하지 않은 상태라 가능한 결과다. 그런데도 대다수는 인생의 중요한 선택에서 아주 좁은 시야와 제한적인 조건들을 통해 확신에 가까운 결정을 내린다. 잔인하게 표현하자면 '이번에는 왠지 될 것 같은 느낌'에 기댄다.

물론 그럴 수 있다. 운이 좋게도 말이다. 창업해서 처음에는 잘 될 수도 있다. 장사를 시작하면 초반에는 '개업빨'이 먹힐 수 있다. 하기 싫은 공부도 막상 시작하면 처음에는 잘 되는 것처럼 느껴진다. 재차 강조하지만 우리는 하루살이가 아니다. 장기적이고 지속적인 성과와 성공을 거둬야 당신이 원하는 결과와 마주할 가능성이 높다. 야구로 치자면 개막 후 일주일은 타율이 5할을 넘기는 타자가 나온다. 하지만 시즌이 마무리되면 3할 타자는 상위 10%가 채 되지 않는 게 현실이다.

사업하다 보면 돈이 잘 벌리는 시기가 있다. 그때 많이 걸리는 병이 바로 '사장병'이다. 지금까지 잘 되어왔으니까 앞으로도 잘될 것으로 착각한다. 부끄럽지만 나 역시 그런 시절이 있었다. '사장병'을 기점으로 사업은 내리막을 걷기 시작하는 일이 적지 않다. 창업 후 3년 이내 폐업이 70%가 넘는다는 사실을 귀동냥으로라도 들어봤을 것이다. 이런 것들이 모두 대수의 법칙으로 설명된다.

누구나 전성기는 있다.
하지만 진정한 실력은 전성기가 아닐 때 드러나고,

이는 당신의 운명을 결정짓는다.
- 강의와 컨설팅에서 이따금 하는 말

오래 시도하면 많이 시도할 수밖에 없고, 확률은 훨씬 정확하게 나타난다. 내공이 다 드러날 수밖에 없다. 반대로 적게 시도하면 확률과 내공에 따른 결과가 나오기 힘들다. 투자라는 관점에서 주식과 부동산도 마찬가지다. 부자들이 자산증식을 통해서 부자가 된다니까 다들 자산시장에 우르르 뛰어간다. 비트코인도 같은 맥락이다.

앞서 말했듯 'A이면 B이다' 내지는 'A 하면 B가 된다'라는 인과적 사고방식으로 마주한 결과는 처참할 것이다. 내가 만나고 대화한 부자들, 특히 투자를 통해 자산을 증식한 부자들은 장기적 관점으로 투자한다는 공통점이 있었다. 참고로 여기서 언급하는 부자들은 자산 수준이 100억대를 넘는다. 단타매매 같은 기술이나 꼼수를 넘어서는 부자들이다.

내일의 예측은 간단하고 먼 훗날의 예측은
어려운 듯 보인다.
그러나 이는 일종의 착각이다.
10년 후의 주가가 내일의 주가보다 가격 폭이 큰 것은
단지 10년이 하루보다 길다는 것을 의미한다.
- 내가 만난 어느 한 부자가 이야기했던 말

적어도 여기까지 읽은 당신이라면 잘 살고 싶은 욕망이 클 사람일 가능성이 높다. 그러기 위해서는 인생에서 무작위로 작용하는 운의 영향력을 최대한 줄여야 하고, 그것이 부자가 되는 지름길이다. 1년은 365일이고, 10년이면 3,650일, 평균적으로 70년을 산다고 가정하면 25,550일이라는 적지 않은 확률적 개념의 시행 횟수가 우리 앞에 기다리고 있다는 것을 명심하자.

앞서 말한 3가지 전략을 실제 진행했던 프로젝트를 예시로 설명하겠다. 시간을 내 편으로 만드는 전략을 해당 프로젝트에도 적용했다. 다양하고 의미 있는 결과들이 나왔으나, 블로그를 운영하는 사람들의 주요 관심사인 '방문자수 증가'에만 집중해 보자. 사실 블로그 방문자수를 늘리는 건 매우 쉽고 간단하다. 현상은 단순한데도 제대로 알지 못하니 설명이 복잡해질 뿐이다. 이를 받아들이는 사람은 대단한 기술과 방법이 있는 것으로 착각하게 된다. 간단하게 결과부터 보자.

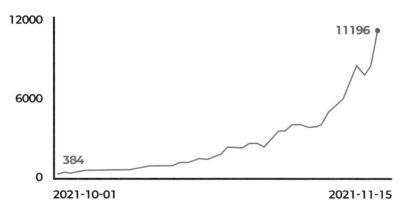

1st 블로그 일 방문자수 10,000명 달성 소요기간 = 46일

일 방문자수 384명으로 10월 1일부터 시작했다. 그리고 일 방문자수 10,000명을 넘기기까지 정확히 46일이 소요되었다. 일 방문자수 300명대면 이미 운영하던 블로그일 거라는 등 당연하고 다양한 의심이 생길 수 있다. 그러니 다른 블로그도 하나 더 살펴보자.

2nd 블로그 일 방문자수 10,000명 달성 소요기간 = 49일

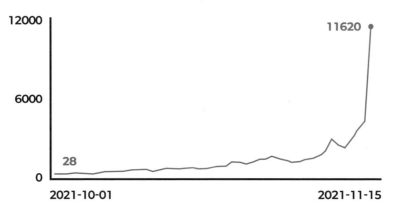

일 방문자수 28명으로 똑같이 10월 1일에 시작. 일 방문자수 10,000명을 넘기기까지 정확히 49일이 소요되었다. 해당 블로그 2개만으로 거둔 성과는 대략 다음과 같다.

100일간 누적 조회수 110만 콘텐츠 제작
상위노출 포스팅 100건 이상
하루 평균 순수익 100만 원(30일 기준 3,000만 원)

관심 있는 고객 DB 5,000건 획득
신규 카카오 채널 2,500명 친구 추가(전환율 50%)
광고비 지출 대비 7.5배 매출 발생
유료광고 효율 국내 평균 대비 8배
- 시간을 내 편으로 만드는 3가지 전략을 활용한 결과

그렇다면 시간을 어떻게 내 편으로 만들 수 있을까? 실제 상황에 접어들 때는 ①, ②, ③ 순서가 아닌 ③, ②, ① 순서대로 진행된다. 따라서 역순으로 설명하겠다.

우선 ③ 최대한 빠르고 작은 시작 단계부터 살펴보자. 부자 100여 명과 부자가 되고자 노력하는 1,000여 명의 격차는 여기서부터 커진다. 부자 100여 명은 뭔가를 시작할 때, 최대한 작게 시작한다는 습관이 자리 잡혀 있다. 거창한 계획은 일단 시작한 후 지속성이 보장되거나 꾸준함을 유지할 수 있을 때 세운다. 나 역시 마찬가지다. 계획은 우리 머릿속에 존재할 뿐이다. 기획에 관해 사람들의 질문을 받을 때마다 항상 하는 말이 있다.

"말씀하신 아이디어와 기획이 좋은지 안 좋은지는
시장과 세상이 평가해 주겠죠.
일단 한번 가볍게 테스트해 보시죠."
- 자주 입에 달고 사는 말 중에 하나

착각하면 안 된다. 자신이 내놓은 상품과 서비스가 좋을 것이라고 말이다. 마치 자식과 같아서 자부심과 애정을 느끼는 '내가 만든 결과물'은 안타깝지만 냉정한 평가를 받기 전이다. 세상 모든 사람이 계획 단계에서는 완벽하다고 느끼고, 장밋빛 미래를 그린다. 필연적으로 몸에 힘이 잔뜩 들어가게 된다. 운동을 배워본 사람들은 알 것이다. 몸에 힘을 빼라고 코치나 트레이너들이 왜 그렇게 강조하는지를. 마찬가지다. 공부, 운동, 연애, 사업 모두 같은 원리로 돌아간다.

시작부터 힘이 들어가면 잘 될 가능성보다 아닐 가능성이 훨씬 높다. 그러니 최대한 작게 시작해야 한다. 그래야 빨리 결과를 확인할 수 있다. 이 글을 읽는 당신이 마케팅을 잘하고 싶어서 블로그, 유튜브, 인스타그램 등의 SNS 채널을 운영하더라도 마찬가지다. 스마트스토어, 소책자, 컨설팅도 예외는 아니다. 일단 가장 작고, 저렴하고, 빠르게 시도하는 게 핵심이다. 바위를 단번에 부숴버리겠다는 생각이 아니라, 구멍을 내겠다는 생각으로 접근해야 한다.

블로그 마케팅으로 성과를 거두고 싶은 사람들의 패턴이 있다. 일단 유튜브에서 무료 영상들을 보거나 책을 사서 참고한다. 조금 더 의지가 있는 사람은 강의를 신청해서 듣는다. 블로그에 포스팅 1개를 올리기도 전에 준비를 엄청나게 한다. 다른 사람들을 평가도 한다. '이 사람은 실력자군'이라거나 '내가 찾던 블로그 고수님이야'라고 말이다. 미안하지만 높은 확률로 당신에게는 아직 그런 판단을 할 수 있는 능력도, 안목도, 경험도 없다. 비단 블로그만 그럴까? 내가 만난 부자가 되기 위해 노력하는 1,000여 명은 항상 같은 패턴을 보였다.

폭포수로는 바위에 구멍을 낼 수 없다.
- 최대한 빠르고, 작고, 저렴하게 시작하는 마인드

다음은 ② 시행착오를 통한 개선 단계다. 일단 원하는 결과를 얻기 보다 얻지 못할 확률이 더 높다. 현재 우리가 살아가는 세상의 메커니즘이 작동하는 방식이 그렇다. 그래서 ① 단계로 시작했다면 최대한 빠르게 실패하는 게 더 낫다. 올바른 방식이 성공으로 이어진다는 사고방식, 뛰어난 실력이 승리를 보장한다는 사고방식은 애초에 버려야 한다.

예시로 들었던 블로그도 마찬가지였다. 처음부터 완벽한 포스팅을 쓰려고 하지도 않았고, 심지어 두 번째 블로그를 담당해서 운영하던 두 분에게는 내 노하우를 따로 설명하지도 않았다. 블로그 포스팅 설명은 15분 이내 정도. 알려주기 싫어서가 아니라, 시행착오를 직접 겪고 개선하는 게 훨씬 낫다는 판단에서다. 그게 내가 일하는 방식이다.

처음에는 그들도 의심했다. '이렇게 해도 결과가 잘 나올까요?'라고 말이다. 그래서 나는 '그냥 이대로 시작하시면 됩니다'라고 했고, 결과로 보여주었다. 대신 내가 집중한 것은 '개선'이었다. 대다수는 자신이 믿고 있는 방식을 개선하려고 시도조차 하지 않는다. 같은 과정으로 다른 결과를 기대하는 건 초기 정신병 증세라고 한 아인슈타인의 명언을 기억하자. 개선도 거창할 필요 없다. 하루에 1가지씩만 개선해도 100일이면 100가지가 개선된다. 그런데 그걸 하지 않는다. 그저 같은 방식으로 접근하고 시도하니까 결과가 달라질 리 없다.

부자들은 정반대였다. 시도 이후에 아주 조금씩이라도 개선하려는 노력을 게을리하지 않았다. 질문과 자문 역시도 조금씩, 아니 얄미울 정도로 '야금야금' 진행한다는 특징을 보였다. 내가 진행했던 프로젝트에서 블로그 포스팅 포맷을 몇 번이나 바꾸었는지 궁금해서 이 내용을 쓰면서 확인해 봤다. 정확히 46번을 바꿨다. 기록해 두었으니 궁금하면 컨설팅이든 강의에서든 나중에 다 보여줄 수 있다.

프로젝트 기간은 100일이었고, 막판 한 달은 올라가는 매출을 보면서 즐기느라 포스팅하지 않은 날도 많았다. 그런데도 산술적으로 이틀에 한 번씩은 포맷을 변경했다. 이게 바로 내가 강조하고자 하는 시행착오를 통한 개선이다. 개선작업에 엄청난 노력을 쏟았겠다고 생각할 수 있다. 내 대답은 '아니오'다. 어제보다 1%만 개선되어도 그것은 개선된 것이다. 복리의 마법은 금융에만 존재하는 것이 아니다. 매출액과 순수익을 올릴 때도 나는 이런 방식을 그대로 적용한다.

마지막으로 ① 다양한 대응 수단 확보 단계를 보자. 목표를 설정하면 여기에 대한 세부적인 계획을 세운다. 그런데 플랜 A가 원하는 방향으로 흘러가지 않거나 무산했을 때 다음 계획이 없다면? 부자가 되기 위해 노력하는 사람 1,000여 명을 관찰한 결과, 목표와 계획에 대한 상한선은 있는데 하한선은 없었다. 이것이 문제의 시작이다. 최상의 결과만을 생각하고 대응 수단을 마련하다 보니, 문제가 생기면 대응할 카드가 존재하지 않거나 적다. 그래서 항상 계획대로 되지 않고, 확률적으로도 성공하기 점점 어려워지는 것이다. 성공과 성과를 위해서는 가지고 있는 패, 즉 선택지를 늘려야 한다. 이것이 핵심이다.

아주 단순하게 생각해 보자. 결혼을 잘하기 위해 5명과 연애한 성인 A와, 50명과 연애한 성인 B 중 누가 더 안목이 높을까? 여행에 가서 카지노에 들렀다. 수중에 있는 여행비 전액인 100만 원으로 베팅해야 할 때와 사라져도 상관없는 1,000만 원으로 베팅해야 할 때 게임에 참가하는 마음가짐이 같을까?

같은 논리가 위 블로그에도 적용되었다. 블로그 방문자수를 늘릴 경우의 수를 대략 3,000개 정도 준비하고 시작했다. 그래서 '아니면 말고'라는 마인드로 시도할 수 있었고, 자연스럽게 좋은 결과가 나왔다. 속으로 이런 생각은 하지 말자. '거짓말이 심하네. 어떻게 3,000개나 준비할 수 있다는 거야?' 안타깝지만 진실이고, 증거자료도 충분하니 확인하고 싶으면 시간과 비용을 치르면 된다.

이미 경험한 사람들은 어이없다는 표정과 반응이었다. 필연적으로 좋은 결과가 나올 수밖에 없는 상황을 만들어 놓고 출발하니, 남은 것은 그저 실행뿐이었다. 재수 없게 들릴 수 있지만 이미 결과가 보장된 노력이다. 나는 공부도 이런 방식으로 했고, 사업도 이런 방식으로 접근했다. 여유나 자신감도 선택지를 늘리는 것에서 나온다. 조급해지면 시야가 좁아지고, 그릇된 선택을 하게 될 가능성이 높다.

돈이 되는
비즈니스의
비밀,

시간 뺏기

선천적으로 현명한 사람은 없다.
시간이 모든 것을 완성한다.

세르반테스

이제 드디어 Chapter 3 '시간을 내 편으로 만드는 방법'이라는 주제를 마무리할 시점에 왔다. 당신은 어떤 생각과 감정이 드는지 궁금하다. 언젠가 당신과 내가 마주하고 이야기를 나눌 수 있길 기대해 본다. 마지막으로 다룰 소주제는 바로 돈이 되는 비즈니스의 비밀이다.

앞에서 설명한 돈의 정확한 개념을 기억할까. 돈은 결국 신용을 수치화한 것이라고 했었다. 신용을 얻어야 돈을 모을 수 있다. 그래서 돈을 벌지 말고 신용을 벌어야 한다는 것이 핵심이다. 어떻게 신용을 얻을 수 있는지 안다면, 자연스럽게 돈을 벌 수 있다는 결론이 나온다. 돈이 되는 비즈니스의 비밀은 여기서부터 출발한다.

내 이야기에 앞서 당신에게 이런 질문을 하고 싶다. 당신이 생각하는 신용을 얻는 방법은 무엇인가. 다양한 답변이 쏟아져 나올 것이다. 하지만 부자 100여 명과 부자가 되고자 노력하는 사람 1,000여 명을 겪으면서 명확한 차이를 볼 수 있었다. 그 결과를 보고 내가 내린 가설이 틀리지 않았음을 확신했다.

신용을 얻는 방법은 다양하다. 하지만 신용을 얻었다는 증거는 하나로 귀결된다. 신용 획득의 증거는 바로 시간에 있다. 프롤로그에서 나는 현대 비즈니스의 기본은 '시간 뺏기' 전략이라고 말했다. 생각해보면 아주 당연하고 본질적인 문제다. 인간에게 유한한 것은 바로 시간이다. 인간은 가치 없다고 느끼는 곳에 시간을 투자하지 않는다. 더불어 인간은 자신에게 필요하지 않은 곳에서 시간을 보내면 지루함을 느끼거나 심지어 화를 낸다. 반대로 보면 인간이 시간을 투자하고 있다는 것은 '가치입증'이 되었다는 증거이기도 하다. 단순하다. 재미없는 영화를 굳이 보지 않는 것, 의미 없는 유튜브 영상을 끝까지 보지 않는 것은 가치 없다고 판단했기 때문이다.

"이 사람아. 장사꾼은 보이는 걸 팔고,
사업가는 보이지 않는 곳에 투자를 해.
난 지금 내 금쪽같은 시간을 여기에 투자하고 있는 거야."
- 영화 <부당거래> 中 유해진, 장석구 역

이 영화의 대사를 제대로 이해하고 활용하고 있다면, 연 소득 1억 이상일 것이라고 확신한다. 어떤 현상에 대한 방법은 다양하다. 그게 세상의 이치다. '현상은 복잡하지만, 본질은 단순하다'라는 말의 의미도 비슷하다. 사람들은 부자가 되고 싶다면서 본질적인 부분은 고민하지 않는다. 아니, 돈을 잘 벌고 싶다면서 핵심을 짚지 못하고 변죽만 울린다. '학습된 수동적 태도' 때문일 수도 있겠다. 어렸을 때부터 어른들에게 공부를 열심히 해라, 잘해라 등의 말은 들었지만, 정작 어떻게 해야 공부를 잘하는지는 듣지 못했다. 그러다 보니 성인이 되어서도 방법론에 매달리는 건 아닐까 추측해 본다.

말을 잘한다.
외모가 호감형이다.
같이 있으면 편안해진다.
영감을 준다.
한 분야에 탁월하다.
도움을 준다.
…
인기를 얻는 방법은 다양하다.

그러나 반드시 된다는 방법을 적용해도 안 되는 사람들이 있다. 본질을 놓쳐서 그렇다. 돈이 되는 비즈니스의 본질은 '시간 뺏기'다. 우리는 제품과 서비스를 팔지 않고도 돈을 벌 수 있는 시대에 살고 있다. 과거부터 그래 왔지만, 지금은 더 노골적으로 변하고 있다는 말이 정확할 것이다. 타인의 시간을 잘 뺏어올 수 있다면 신용을 얻은 것이다. 그

타이밍을 늦추면 늦출수록 가치는 더 올라가게 되어있다. 이에 대한 증거 몇 가지를 살펴보도록 하자. 맛집이 되는 과정, 인플루언서가 되는 과정, 사업을 키워나가는 과정, 이렇게 3가지로 설명해 보겠다.

① 맛집이 되는 과정부터 살펴보자. 맛집이 되기 위해 꼭 필요한 요소는 바로 음식의 맛이다. 음식이 맛있어야 손님들이 더 많이 찾게 된다. 그런데 음식이 맛있어도 손님들이 찾지 않는 곳도 있다. 더 구체적으로 표현하자면, 음식의 맛은 대동소이하다. 맛집이라고 동종 음식을 취급하는 다른 음식점에 비해 압도적인 맛을 보여주는 건 쉽지 않다.

그렇다면 무엇이 중요할까? 바로 고객의 시간을 어떻게 얼마나 사로잡을 수 있는가에 달려 있다. 여기에 다양한 방법들이 등장하게 된다. 인테리어가 예뻐서 사진찍기 좋을 수 있다. 음식의 양이 더 많아서 만족감을 줄 수도 있다. 음식을 놓는 플레이팅이 남다를 수도 있다. 방법은 다양하지만, 핵심은 고객들의 시간을 사로잡았다는 점이다. 심지어 맛집은 줄을 서서 먹기도 한다. 손님들이 시간을 대가로 지불하는 게 아깝지 않도록 만드는 것이 돈 되는 비즈니스로 가는 방법이다.

② 인플루언서가 되는 과정은 더 노골적이다. 유튜버, 인스타그래머, 스트리머 등 인플루언서들은 해당 채널 사용자의 시간을 사로잡는다. 사람들이 게시물, 영상 등의 콘텐츠를 소비하는 시간에 비례해 돈을 더 많이 벌 수 있다. 인플루언서가 되는 방법은 그래서 본질적으로 아주 단순하다. 상대방이 얼마나 더 많은 시간을 쓰게 만들지에만 신경 쓰면 된다. 그러면 돈은 저절로 잘 벌린다.

마지막으로 ③ 사업을 키워나가는 과정도 마찬가지다. 사업이 잘된다는 건 상대방이 나를 신용하게 만드는 것이고, 그 신용의 증거는 바로 시간이다. 소비자는 생산자에게 시간을 구매하는 것이다. 갤럭시 스마트폰을 어느 개인이 만들 수도 있다. 하지만 스마트폰 하나를 개발하는 데 몇십 년, 아니 평생을 투자해야 할지도 모른다. 그 소요 시간에 상응하는 금액을 우리는 삼성이라는 회사에 낸다. 마찬가지 논리로 고용자는 피용자의 시간을 근무라는 행위로 사로잡고 있다. 근무 시간에 상응하는 금액을 치르고, 더 많은 사람의 시간을 사로잡을 수 있는 구조를 설계하면 사업은 저절로 커지게 된다.

지금까지 설명한 관점으로 세상을 다시 한번 바라보자. 영화 〈인타임〉에 이런 장면이 생생하게 묘사되어 있으니 한 번 보길 바란다. 돈이 되는 비즈니스는 시간 뺏기를 잘 할 수 있는지에 따라 결정된다는 점이 중요하다. 세상 사람 모두에게 똑같이 하루 24시간, 1년 365일이라는 시간이 주어진다. '시간은 금이다'라는 격언을 단순히 시간이 중요하다는 의미로 한정하지 말고, 다른 관점으로 보고 해석하고 활용할 줄 알아야 한다.

정말 중요한 이야기를 빠트린 것 같다. 시간을 가장 많이 빼앗는 사람이 더 많은 부를 가져간다. 그러니 자신의 시간과 비용을 사용한 광고와 마케팅이 아닌, 타인의 시간과 비용을 사용한 전략을 잘 고민해 봐야 할 시점이다. 그러면 당신이 원하는 것을 지금보다 훨씬 더 쉽게 얻을 수 있을 것이다.

Chapter 4

관계의 힘,
타인과
경쟁하지
마라

성공적인
관계를 맺는

대전제
2가지

어느 정도로 깊이 괴로워하느냐가
결국 인간의 지위를 결정한다.

니체

우리는 홀로 살아갈 수 없다. 모두 누군가와 '관계'를 맺고 살아간다. 이 글을 읽고 있는 당신도, 나도 예외는 아니다. 그래서 성공적인 관계를 만들기 위해 필요한 것이 무엇인지 고민했다. 사적인 관계뿐만 아니라 업무적 관계, 사업하고 계약을 맺어야 하는 사업적 관계까지. 어떤 것이 가장 근본이 되고 중요한 관계일까. 지금까지 고민의 결과를 나눠보려고 한다.

① 상대가 필요로 하는 것은 무엇인가?
② 상대에게 줄 수 있는 것은 무엇인가?
- 성공적인 관계 형성을 위한 대전제 2가지

결론부터 말하자면 성공적인 관계 형성을 위해 2가지 대전제를 잊지 않아야 한다. ① 상대가 필요로 하는 것, ② 상대에게 줄 수 있는 것, 이 2가지를 정확하게 설정해야 한다. 사람 사이의 관계를 넓게 보면 인간관계고, 좁게 보면 거래관계라고 볼 수 있다. 거래관계로 규정지은 것은 우리 모두 '뭔가를 판매하며' 살아가는 존재라서 그렇다. 장사나 사업을 하는 사람은 물론이고 직장인도 예외일 수 없다. 직장인 역시 특정 회사에 입사하기 위해 자신을 회사에 '판매하는 행위' 즉 '지원'을 했다. 이력서가 단적인 예다. 이력서로 자기 자신을 어떻게 잘 판매하느냐에 따라 입사 여부가 결정된다. 그렇지만 지원자 대부분은 '자신을 판매한다'라는 사실을 망각한 채 '자신이 왜 채용되어야 하는지'에 중심을 두고 이력서를 작성한다. 학생도 예외는 아니다.

자본주의 체제 내에서 수요와 공급의 법칙으로 설명되지 않는 행위보다 설명되는 행위가 훨씬 많다. 우리는 모두 뭔가를 잘 팔아야 살아남을 수 있다. 잘 팔수록 우리는 원하는 것을 쉽게 얻을 수 있다. 지나치게 자본주의적인 발상이라고 생각하는가? 하지만 타인들은 현재의 나를 경제적인 측면이나 정신적 측면 혹은 사고체계 등에서 평균적인 사람 이상으로 인정하고 있다. 내 경우 협상 테이블에 앉아본 경험이 많으니 분명히 당신에게 도움이 될 것이다.

누군가와 긍정적인 관계를 맺고자 한다면 첫 번째로 떠올리고 찾아야 하는 게 있다. 바로 '상대방이 필요로 하는 것은 무엇인가?'이다. 물질적인 것과 비물질적인 것 모두 포함된다. 그게 무엇이든 상대방이 필요로 하는 것이 무엇인지를 발견해야 한다. 이것은 현대 사회를 살아가는 데 꼭 필요한 능력이다. 여기에는 메타인지, 눈치, 센스 등이 작동한다. 일단 상대방이 필요로 하는 것을 고민하고 또 고민해 보라. 그리고 끊임없이 그것이 맞는지 확인해야 한다. 당신이 찾은 상대방의 필요를 직간접적으로 상대방에게 어필해 보자. 그러면 상대방은 어떤 형태로든 당신에게 반응할 것이다. 물론 변수는 있다. 관계는 상대방의 사회적 지능지수의 영향을 받는다.

당신이 누군가에게 노하우를 배우고 싶거나, 상대방이 속한 집단의 일원이 되고 싶다고 가정해 보자. 그러면 당신은 그들의 열렬한 팬이 되면 된다. 여기서 주의해야 할 점은 '열렬한 감정'을 얼마나 우아하고 매력적으로 표현하는지에 따라 당신은 고수-중수-하수의 스펙트럼 중 하나로 인식될 것이다. 상대방이 필요한 것이 무엇인지를 알고 나서 당신의 가치를 낮추는 것은 곤란하다. 인간관계의 초중반에는 서로의 가치입증을 확인하는 경우가 많기 때문이다.

지금쯤 좀 불편한 사람도 있을 것이다. 관계를 잘 맺기 위해서 '인사를 잘해라, 시간 약속에 늦지 마라' 등의 고리타분하지만 따뜻한 이야기를 기대했다면 말이다. 그러나 어쩌겠는가. 적어도 나는 이 책을 구매했거나 선물 받은 당신에게 실전에서 쓰일 수 있는 조언을 건네고 싶다. 따뜻한 이야기는 얼굴 보고 해도 늦지 않다. 더구나 우리는 아직 그만한 관계성이 쌓이지 않았다고 생각한다. '이런 관점에서 접근해 원하는 것을 얻은 사람이 있구나' 정도의 마음으로 들어보길 바란다.

상대방이 필요로 하고 원하는 것이 무언인지를 찾는 과정은 연애로도 쉽게 설명할 수 있다. 남녀가 처음 만나는 초반 3회까지 신경 써야 할 부분은, 상대방이 무엇을 원하는지를 빠르게 파악하는 것이다. 그 래야 장기적인 연애도 원만하게 이어갈 수 있다. 상대방이 좋아하는 것, 관심 있는 것을 물어보는 것도 이런 맥락이다.

하지만 이것만으로는 부족하다. 상대방이 연애를 통해 얻고자 하는 것과 함께 현시점 상대방에게 가장 결핍한 요소를 찾는 것도 필요하 다. 그 결핍을 채워주진 못하더라도 알아주고 인정해 주는 것만으로도 원만한 인간관계의 초석을 다질 수 있다. '공감이 최고의 덕목이다'라 는 고리타분한 말과는 조금 다르다.

"인간은 모두 각자의 '불'을 가지고 있습니다.
불안, 불만, 불만족, 불편 등⋯⋯.
그걸 잘 채워주는 것이 잘 파는 것의 기본입니다."
- 강의와 컨설팅에서 이따금 하는 말

그렇다. 상대방의 '불(不)'을 찾아야 한다. 그 뒤에 해야 할 일은 당신 이 '상대방에게 줄 수 있는 것이 무엇인가'라는 물음에 대한 답을 정하 는 것이다. 상대방의 '불'을 해소해 주는 것과 같다. 줄 수 있는 것을 찾 을 때 주의해야 할 점이 있다. 희소성이 있어야 한다는 점이다. 즉 다른 누군가에 의해 채워질 수 있는 부분이라면 언제든 대체될 가능성이 높 다. 그게 현실이다. 줄 수 있는 것이 양적, 질적 측면에서 타인과는 분명 다른 점이 있어야 한다. 그러면 상대방은 당신을 곁에 둘 것이다.

성공적인 관계로 나아가기 위한 탄탄한 기반이 마련된 셈이다. 줄 수 있는 것이 없다고 생각하지 말자. 자기는 줄 것이 없다며 고민을 털어놓는 사람들과 막상 이야기를 나눠보면 의외로 줄 수 있는 게 많다. 앞에서 말했듯이, 누구에게나 가장 소중한 시간을 상대방에게 투자했다면 당신이 가진 것 중 가장 가치 있는 것을 준 셈이다. 그렇다고 줄 수 있는 것만 어필하면 안 된다. 이 행동 역시 본인의 가치를 떨어뜨리는 행위일 테니 말이다.

상대방이 이를 알아채지 못해서 원활한 관계로 나아가지 못한다면, 그 상대방은 사회적 지능이 낮거나 당신이 준 것을 다른 사람을 통해서 얻을 수 있거나 둘 중 하나일 것이다. 정리하자. 누군가와 성공적인 관계를 맺기 위한 2가지 전제는 '① 상대가 필요로 하는 것'과 '② 상대에게 줄 수 있는 것'을 정확하게 설정하는 일이다. 지금부터라도 연습해 보자. 분명 인간관계의 패러다임이 바뀔 것이다.

대부분이 착각하는

작업과 직업의 개념

일이 즐거우면 인생은 낙원이다.
일이 의무라고 생각하면 인생은 지옥이다.

막심 고리키

사회 구성원 대부분은 직업을 갖고 살아간다. 그리고 이 직업에 따라 관계가 형성되는 경우가 많다. 사적인 관계 역시 직업에 직간접적인 영향을 받게 된다. 그래서 관계의 힘을 키우길 원한다면 직업에 대한 정의를 올바르게 세워야 한다. 우리 대부분은 작업과 직업의 개념을 혼동한다. 여기서 부자와 부자가 되려고 노력하는 사람의 차이가 발생하기도 한다. 한 가지 질문에 답해 보자.

직업과 취미의 차이는?
- 당신에게 던지는 나의 질문

아주 간단한 질문일 수도 있다. 하지만 직업적 관계를 개선하기 위해 명확한 자신만의 답이 필요하다.

취미와 직업의 사전적 정의부터 보자. 우선 취미란 전문적으로 하는 것이 아니라 즐기기 위해 하는 일이라고 국어사전에 나온다. 반면 직업이란 생계를 유지하기 위해 적성과 능력에 따라 일정 기간 계속 종사하는 일이라고 규정되어 있다. 사전적 정의로부터 도출될 수 있는 차이는 '전문성'과 '생계유지' 정도다. 내가 관찰한 부자 100여 명과 부자가 되기 위해 노력하는 1,000여 명은 이 점에서 차이를 보였다. 그들을 관찰하고 대화하면서 느낀 직업과 취미의 차이는 행위의 '목적성'에 있었다. 취미는 자기 자신을 위해 하는 행위라고 볼 수 있다. 반면 직업은 내가 아닌 다른 누군가를 위해 하는 행위라고 규정지을 수 있다.

자신을 위해 하는 행위 vs 다른 누군가를 위해 하는 행위 - 취미와 직업의 차이

직업이라면 행위의 목적은 자신이 아닌 타인을 향해 있어야 한다. 하지만 부자가 되고 싶어 하는 1,000여 명 중 대다수는 자기 자신을 위해 직업적 활동을 하고 있었다. 내가 만났던 어느 부자의 예를 보자. 그의 자산은 1,000억이 넘고, 직업은 로펌 대표였다. 일할 때는 누구보다 제대로 열심히 했다. 이 글을 읽고 있는 당신은 잘 이해할 수 없을 것이다. '아니, 그렇게 재산이 많으면 일할 필요가 없는 거 아닌가?'

부자가 된 사람 중에는 워커홀릭 성향이 많다. 이런 성향은 대인관계를 맺을 때도 기본적인 궤를 같이한다. 내가 생각하기에 부자들은 타인과 함께해야 하는 상황에서는 철저하게 상대방 중심적인 사고방식으로 움직인다. 식사 한 끼, 술 한 잔도 그 행동이나 말투가 전부 타인을 위한 행위라는 걸 느끼게 했다. 이유는 명확하다. 그렇게 하는 것이 결국 자기 자신에게 가장 크게 돌아온다는 것을 알고 있기 때문이다. 물론 부자가 되고자 노력하는 사람들도 머릿속으로는 알고 있다. 다만 실천할 수 없을 뿐이다.

누군가를 만나면 나는 의도적으로 스위치를 꺼버리곤 한다. 스위치란 바로 상대방 행동에 관한 센서다. 눈에 거슬리는 행동이 너무 많아서 그렇다. 거슬리는 원인은 타인을 배려하지 않은 자기중심적 태도 때문이다. 하지만 부자들은 다르다. 자연스러운 배려와 몸에 배어 있는 매너는 함께 자리한 사람을 편하게 만든다.

부자들이 워커홀릭 성향을 보이는 것도 자연스럽다고 생각한다. 직업적인 자신의 행위는 타인을 위한 것이라는 인식이 명확하다. 따라서 기획, 계획, 실행, 피드백 전 과정이 고객 중심으로 맞춰져 있다. 그들은 자신의 이익을 위해서가 아니라 상대방의 이익을 위해 고민하고 움직이는 게 당연하다.

부자가 되기 위해 노력하는 사람도 그렇게 살아가고 있다고 '믿고' 있다. 하지만 솔직히 들여다보면 결국 자신을 위한 행동이라는 게 티가 난다. 지갑을 열지 말지 고민하는 고객이라면 당신의 이런 모습을 보고, 마치 세렝게티 초원에 서 있는 톰슨가젤 한 마리처럼 본능적으로 경계심을 갖게 된다. 그리고 이내 지갑을 닫고 도망가 버릴 것이다.

명심하자. 돈은 내가 버는 것이 아니라 벌리는 것이다. 돈을 가져다주는 주체는 내가 아니라 상대방이라는 의미다. 그러니 경제적 영역에서 관계 형성을 잘하고 싶다면, 취미가 아니라 직업이 되어야 한다.

작업
점 하나를 떼는 과정
직업

작업은 잘하면서 그걸 직업으로 삼을 수 없는 이유를 가진 사람들이 많다. 작업을 잘하는 사람은 많다. 어떤 업종이든 경쟁은 치열하고, 대체할 수 있는 과정도 너무나 쉽다. 이 글을 읽고 있는 당신이 하는 경제적 행위가 작업이 아니라 직업이 되길 바란다. 그러기 위해서는 점 하나를 떼는 과정이 필요하다. 모든 경제적 직업적 관계에서 힘을 키우기 위해서는 바로 '나'라는 점 하나를 빼야만 한다.

"돈은 사장이 버는 게 아니라 직원이 벌어다 주는 거란다." 어렸을 때 부모님과 함께 음식점을 가면 자주 듣던 말이다. 그땐 이 말을 평면적으로만 받아들였다. '직원 교육을 잘해야 한다는 얘기구나'라고만 생각했다. 하지만 직접 돈을 벌어보면서 그 의미가 사뭇 달라졌다.

작업은 앞으로 사람이 아니라 AI라는 무기를 가진 기계로 점점 대체될 것이다. 부디 직업인으로서 앞으로 '잘' 살아남길 바란다. 그리고 지금 하는 일이나 계획하고 있는 일이 타인에게 작업이 아니라 직업으로 인식되길 바란다.

돈은 사장이 버는 게 아니라,
직원이 벌어다 주는 것이다.
- 부모님이 어렸을 때부터 강조한 한 가지

타인과
경쟁하는 순간

패배는
전제되어 있다

不戰而屈人之兵 善之善者也
부전이굴인지병 선지선자야
싸우지 않고 굴복시키는 것이 최상이다.

《손자병법》모공 편

대한민국에 살고 있는 우리는 경쟁에 익숙하다. 어렸을 때부터 경쟁에서 살아남아야 한다고 배워왔다. '피할 수 없으면 즐겨라'라는 말이 당연하게 느껴질 정도로 의식적으로든 무의식적으로든 경쟁을 강요받기도 했다. 하지만 나는 '피할 수 있으면 최대한 피하라'가 1순위가 되어야 한다고 생각한다. 경쟁 자체가 주는 피로감이 대단해서 그렇다. 무의식적으로 경쟁하기보다는 경쟁을 굳이 해야만 하는지 의심부터 하는 게 현명하다.

당신은 경쟁을 어떻게 생각하고 있는가? 잠시 영화 〈거울 나라의 앨리스〉에 들어가 경쟁을 들여다보자. 〈이상한 나라의 앨리스〉의 속편인 이 작품은 원더랜드를 다녀온 주인공 앨리스가 거울 속에 빨려 들어가 새로운 모험을 하게 되는 것에서 시작한다. 주요 등장인물은 '붉은 여왕'과 라이벌 '하얀 여왕'이다. 앨리스가 언덕에 올라가 내려다보니 벌판은 거대한 체스판이었다. 앨리스는 신기해하며 자기도 체스의 말이 되어 놀고 싶다고 말한다. 그러자 붉은 여왕은 앨리스에게 이렇게 말한다. "둘째 칸에서 여덟째 칸까지 달리면 여왕이 될 수 있지!"

실제로 체스 규칙이 그렇다. 가운데 병정 말을 8번 칸 끝까지 전진시키면 다른 말로 바꿀 수 있다. 대부분은 말을 여왕으로 교체하는데, 이를 빌린 대사로 보인다. 어쨌든 앨리스는 말이 되어 붉은 여왕과 함께 달리기 시작한다. 숨차서 죽을 것만 같은데, 아무리 달려도 제자리다. 주위 풍경이 앨리스와 똑같이 움직여서 그 위치가 변하지 않았기 때문이다. 마치 현대인의 모습을 오마주한 것 같다는 생각이 들 정도다. 개인이 노력하고 발전하는 속도만큼, 세상도 빠르게 변하고 있다. 아니 더 빠른 속도로 변하고 있어서 현기증이 날 정도다. 이때 붉은 여왕의 대사를 보자.

If you want to get somewhere else,
you must run at least twice as fast as that!
만약 네가 어딘가에 도달하길 원한다면
최소한 2배 이상 더 빨리 달려야 해!
– 〈거울 나라의 앨리스〉 中 붉은 여왕의 대사

이 '붉은 여왕 가설'은 진화생물학에서 사용되었고, 그 외 다양한 분야에도 응용되었다. 생명체는 스스로 주변 환경과 경쟁자들 사이에서 끊임없이 진화하고 적응해야만 자신의 존재를 유지할 수 있다는 가설이다. 주변에 맞춰서 진화하는 생명체는 '주변'이라는 제약을 초월할 수 없다는 의미이기도 하다. 이러한 모습은 군비 경쟁, 기업 간의 경쟁, 취업 경쟁 등에서 일어나는 현상을 적절하게 설명한다.

되도록 경쟁하지 않는 것이 최선이라는 교훈은 2가지 고전에서도 찾아볼 수 있다. 하나는 《손자병법》이고, 다른 하나는 《마케팅 불변의 법칙》이다. 《손자병법》에는 '不戰而屈人之兵 善之善者也 부전이굴인 지병 선지선자야'라는 구절이 있다. 〈모공〉 편에 실린 이 구절은 상대방을 쓰러뜨리는 것만이 승리가 아니라고 말한다. 지금도 그렇지만 과거의 전쟁은 국력 소모가 큰 이벤트였다. 승리하더라도 적국의 피해가 극심하다면, 그만큼 전쟁으로 얻는 이익은 줄어든다. 그런 맥락에서 손무는 다치지 않고 승리하거나 항복을 받아내는 장수가 명장이라고 생각한 것이다. 현재의 마케팅에서도 마찬가지다.

마케팅의 큰 흐름이 오프라인에서 온라인으로 넘어온 지도 벌써 10년이 넘는다. 우리나라 온라인 마케팅은 네이버를 중심으로 치킨게임의 양상을 보이는 중이다. 경쟁자 간의 출혈경쟁으로 네이버를 비롯한 광고회사들의 배만 불리고 있다고 해도 과언이 아닐 지경이다. 나는 특정 프로젝트에서 월 광고비를 1억까지 지출한 경험이 있다. 물론 집행된 광고비의 4.5배 이상이라는 순이익을 남겼지만, 과연 이런 방식이 맞는지 회의가 들었다. 브랜드를 언급하기는 어렵지만, 뷰티업종인 한 회사는 월 광고비로 30억을 쓴다. 매출액이 35억이니까 숫자상으론

흑자지만, 결국 더 많은 광고비를 집행할 수 있는 경쟁업체가 나타나는 순간 그 회사는 근간부터 흔들릴 것이다.

소상공인이나 1인 기업처럼 스몰 비즈니스 형태라면, 이런 막대한 광고비 지출은 그림의 떡이다. 애매한 광고비 지출로는 본전도 찾기 힘든 게 현실이다. 마케팅뿐만이 아니다. 인생을 살면서 누구든 다른 사람과 경쟁해야 할 일이 생긴다. 그럴 때 경쟁하지 않는 방향으로 가는 것이 여러모로 득이 될 것이라 확신한다. 《마케팅 불변의 법칙》을 보면 알 리스와 잭 트라우트 역시 이 점을 강조하고 있다. 리더십의 법칙, 영역의 법칙, 기억의 법칙, 인식의 법칙, 독점의 법칙 등을 통해 뭔가를 팔면서 살아갈 수밖에 없는 우리에게 중요한 메시지를 던진다. 월급 받는 직장인도 사실상 자기 자신을 '판매'하고 있으니 마케팅이나 세일즈는 선택이 아닌 필수라고 생각한다.

더 좋기보다는 최초가 되는 편이 낫다.
– 《마케팅 불변의 법칙》의 첫 번째 메시지

경쟁해야만 한다는 생각을 버려야 한다. 경쟁에 돌입하는 순간 1등이 되지 않는 이상 패배라는 프레임이 씌워지게 된다. 마케팅과 세일즈만 그런 게 아니다. 타인과의 관계에서도 경쟁하지 않고 이기는 것을 최우선 목표로 삼아야 한다.

일반 도로에서 시속 100km면? 과속이다. 상대적으로 주변 차보다 굉장히 빠르다는 걸 체감할 수 있다. 그러나 고속도로에서 시속 100km면 과속이 아니다. 주변 차들도 100km로 달리니까 멈춘 느낌이 들기도 한다. 상대속도가 0이 되기 때문이다. 타인과의 경쟁이라는 프레임과 패러다임을 바꾸고자 한다면 노자의 《도덕경》을 강력하게 추천한다. 나 역시 많은 도움과 영감을 얻었고, 좋은 기회에 이를 나누려고 생각하고 있다. 혹시 그 자리에서 만난다면 더 많은 이야기들을 나눠보자.

인생이라는
레이스에

G.P.S가
설정되어 있는가

경험은 당신에게 무엇을 해야 하는지 말해주고,
확신은 당신에게 그것을 하도록 허용해 준다.

스탠 스미스

Chapter 3에서 '인생의 G.P.S' 개념을 설명했다. 다음 수평선을 보여주면서 특정 상황이나 사건을 마주할 때 판단 기준으로 활용하라고 했는데, 아마 목표보다 상황을 더 강조한 것처럼 느꼈을 것이다. 이번 장인 Chapter 4의 주제는 '관계의 힘'이니 좀 다른 각도에서 G.P.S를 다뤄보자.

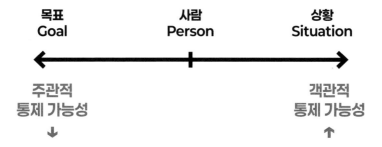

이 글을 읽는 당신은 당신만의 목표가 있을 것이다. 거창하게 목표까진 아니더라도 원하는 삶이 있을 것이다. 그런데 부자와 부자가 아닌 사람을 관찰하다 보니 이를 실현해 나가는 과정과 방법에서 분명한 차이를 보였다.

먼저 목표(Goal)다. 목표 설정에서 부자 100여 명과 부자가 되기 위해 노력하는 1,000여 명은 달랐다. 먼저 삶의 목표를 물어본 후 '왜(Why)'라는 질문을 5번 반복하면서 목표의 목적, 원인, 동기를 파악했다. 부자 100여 명은 삶의 목표가 철저하게 자기중심적이었다. 반면 부자가 되기 위해 노력하는 대다수는 삶의 목표가 자기중심적이지 않았다. 이것은 작지만 큰 결과를 만든다.

너 자신을 알라.
네가 아무것도 모르고 있음을 인정하라.
- 잘 알려진 소크라테스의 명언과 숨겨진 의미

소크라테스는 스스로 뭔가를 잘 알고 있다고 자부하는 이들을 찾아가서 '알고 있다는 것의 실체'를 질문했다고 한다. 아마도 자신이 알고 있다고 생각하는 대상이, 실제로는 그 본질에 대해 아무것도 모른다는 것을 일깨워주기 위해서가 아니었을까 싶다. 사람들이 생각하기에 가장 쉽게 알 수 있고, 가장 잘 알고 있다고 착각하는 대상은 누굴까. 바로 '나 자신'이다. 실제로 대화해 보면, 부자 100여 명은 자기 자신을 잘 알고 있고, 또 지속적으로 자신을 알기 위해 노력하고 있었다. 반면 부자가 되기 위해 노력하는 1,000여 명은 자기 자신을 안다고 쉽게 단정했다. 그리고 과감하게 자기 자신은 변하지 않을 것이라고 결론지어 버린다. 여기서부터 사고체계의 오류가 일어나는지도 모르면서 말이다.

자기중심적이라는 표현을 우리나라에서는 이기적이라는 의미로 오해한다. 이기적인 것과 자기중심적인 것은 하늘과 땅 차이다. 부자 100여 명과 이야기를 나눠보면 철저하게 의사결정과 삶의 방향성에서 '자신이 먼저'라는 마인드가 자리 잡혀 있다는 걸 확인할 수 있다.

나 역시도 이 부분이 가장 중요하다고 생각한다. 결국 삶을 살아가면서 가장 중요한 것은 나 자신의 행복이다. 부자 100여 명은 온전히 자기 자신을 이해하고 있었고, 무엇을 했을 때 행복하고 즐거운지도 명확하게 알고 있었다. 그러다 보니 목표라는 것이 외부 자극에 따라 좌우되지 않고 온전히 내적 의미와 동기로 설정되는 경우가 대부분이었다.

우리나라 사람 대부분은 인생에서 '자기 자신에 대한 독립적 사고' 능력이 떨어진다. 공동체 문화가 강한 사회적 분위기에서 직간접적으로 학습된 결과라고 생각한다. 개인적으로 존경하는 심리학자인 최인철 교수님과 김경일 교수님도 이 부분에 대해 많은 지적을 했다.

단적인 예를 들자면, 우리나라 사람들은 자기소개에 적극적이지 않다. 나를 드러내길 어려워하고, 나라는 존재를 타인과의 관계성으로 설명하려는 경향이 강하다. 대부분에 속하는 1,000여 명도 마찬가지였다. 사실 이것만 바로 잡아도 행복한 인생, 원하는 인생을 살아가는 데 굉장히 중요한 디딤돌이 될 거라 확신한다.

돌직구라 듣기에 따라선 거북할 수 있다는 걸 알면서도, 프롤로그에서 '제발 살아라. 남이 아닌 너의 인생을'로 이 책을 시작했었다. 시간과 비용을 들여 이 책을 보고 있는 당신에게 도움이 될 내용을 확실하게 전하고 싶은 마음이 컸기 때문이다. 자기중심적인 삶을 사는 것과 아닌 것, 그것이 목표에서 가장 중요한 요인이다. 무엇보다 '자기 사용 설명서'를 써보고, 주기적으로 업데이트하는 게 큰 도움이 될 것이다.

가장 중요한 것은 나 자신의 행복이다. 내가 행복하고 온전해야 가족들과도 행복하고 건강한 관계를 만들 수 있다. 친구, 주변 사람들, 나아가 사업적인 관계에서도 마찬가지다. 그러니 인생의 목표를 세울 때 장기적으로든 단기적으로든 당신의 행복을 최우선 순위에 두길 바란다. 참고로 나는 무엇인가를 결정할 때 나 자신에게 다음 질문을 끊임없이 하고 답을 얻어 확신이 생겼을 때 실행하는 편이다. 돈을 아무리 많이 준다고 하더라도, 아무리 좋은 조건과 기회라고 하더라도 과감하게 뿌리칠 수 있었던 이유이기도 하다.

이걸 하면 네가 행복할 수 있어?
과정에서 행복한 감정을 유지할 수 있을까?
결과 유무와 상관없이 행복할 수 있니?
- 나 자신에게 항상 하는 질문

다음은 사람(Person)이다. 사람에 대한 관점은 각자가 자라온 환경의 결과라고 생각한다. 나는 많은 사랑을 받고 자랐다. 단순히 돈이 아닌 관심과 애정 말이다. 그래서 삶에서 힘들고 포기하고 싶을 때나 뭔가를 버텨야만 할 때 가장 큰 원동력은 나에게 사랑을 준 사람들이었다.

책임감이 정말 강하다는 말을 꽤 듣는다. 600만 원이라는 큰 비용을 내고 내 컨설팅에 함께한 오아시스 멤버도 이런 말들을 했다. 실제로 내가 책임감이 강한지 아닌지는 중요하지 않다. 그저 나는 먼저 포기하지 않을 뿐이었다. 신뢰와 믿음이 쌓이는 관계일수록 더 포기하지 않는다. 때로는 독설과 돌직구로 직언할 때도 있지만, 이 역시 애정 없이는 불가능한 일이다. 쓴소리를 듣고도 함께하는 분들이 주변에 있는 걸 보면 항상 감사하다.

놀랍게도 내가 만난 부자들 역시 '사람'을 굉장히 중요하게 생각했다. 구구절절 설명할 수는 없지만 일반적인 사람들이 생각할 수 있는 범주를 넘는 것 같다. 누군가는 이를 보고 책임감이 강하다고 표현하기도 하고, 사람을 아낀다고 표현하기도 한다.

장사나 사업은 돈을 남기는 게 아니란다.
사람을 남기는 게 가장 큰 자산이야.
- 어렸을 적부터 집안에서 매번 듣던 말 중 하나

연애, 장사, 사업에는 공통점이 있다. 사람의 마음을 움직이는 일이 가장 중요하다는 점이다. 사람을 제대로 얻어야 한다. 수많은 시행착오를 거치고 후회하면서 살 수밖에 없는 것이 인간의 숙명이지만, 고민과 고뇌의 깊이만큼 더 좋은 사람을 만나는 것은 자명한 사실이다.

그럼, 대인관계에서 걸러야 할 사람은 어떤 사람일까. 여러 가지 유형을 나열할 수 있지만 반드시 딱 한 가지는 기억하자. 자신은 절대 변하지 않을 거라고 말하는 사람이 나타나면 일단 거를 '준비'를 하라. 그리고 당신도 나는 변하지 않을 거라고 호언장담하지 않길 바란다. 연애 초창기에 남자들이 가장 많이 하는 말이 있지 않나. 이 사랑이 변치 않을 거라고.

만물 중 변하지 않는 것은 없다. 변하지 않을 거라고 장담하는 사람이 가장 결정적일 때 가장 쉽게 돌아설 수 있다. 그 사람을 미워하거나 원망할 필요도 없다. 그 부정적인 감정들이 고스란히 돌아와 결국 당신 손해가 되기 때문이다. 인간은 선택의 교집합에 의해 관계가 형성된다. 상호 선택이라는 점만 명심하면 대다수의 인간관계 고민은 해결될 것이다.

부자가 되기 위해 노력하는 사람도 비슷한 실수를 한다. 자신은 변하지 않을 것이라고, 초심을 잃지 않고 열심히 할 자신이 있다고 호언장담한다. 본성이 나쁘거나 능력이 부족해서가 아니라 자기 자신을 제대로 알지 못해서 벌어지는 일일 뿐이다. 앞에서 가진 카드 패를 늘리고, 최소한으로 시작하라고 했던 의미도 이런 맥락이다. 적어도 내가 만난 부자 100여 명은 스스로 이 부분에 대해 늘 경계하고, 몸과 마음 가짐을 새롭게 하는 사람들이었다.

마지막으로 상황(Situation)이다. 상황에 대한 중요성은 앞에서 수없이 강조했다. 뭔가 원하는 것이 있다면, 원하는 상황을 만드는 데 집중하자. 원하는 상황을 만들어야 한다면, 당신을 둘러싼 내적 외적 환경을 가꾸는 데 집중하자. 자리가 사람을 만들고, 환경이 결과를 이끈다. 맹자의 맹모삼천지교도 괜히 나온 말이 아니다. 손자가 전쟁에서 이기는 상황을 만드는 데 집중한 것도 다 이유가 있다.

나 역시 이 사실을 깨닫기 전에는 결과에 엄청나게 집착했었다. 하지만 과정이 매끄러우면 결과는 당연히 따라오는 법이다. 공부할 때도, 돈을 벌 때도, 사업을 할 때도 그렇다. 결과는 우리의 통제 밖 영역이다. 하지만 과정은 통제 가능성이 높은 영역이다. 그러니 상황을 잘 만들어 가는 데 집중하는 연습이 필요하다. 부자는 과정에 '집중'하는 반면, 부자가 아닌 사람들은 결과에 '집착'한다. 항상 마음에 새기는 말로 이번 장을 마무리한다.

盡人事 待天命

진인사 대천명

과정에 집중하고 결과를 받아들이자.

호구와
기버의

결정적인
차이

**친구를 얻는 방법은 친구에게 부탁을
들어달라고 하는 것이 아니라
내가 부탁을 들어주는 것이다.**

투키디데스

마음을 다해 인간관계를 맺어야 한다는 이야기는 많이 들었을 것
이다. 하지만 철저한 기버(Giver) 마인드로 대해도 결과는 참담할 수 있
다. 시작은 기버였으나 끝은 호구가 되는 감정이나 상황을 겪어봤는
가. 어떤 관계든 '진상'은 늘 존재하기 마련이다. 마치 맡겨놓은 것처럼
더 많은 것을 요구한다. 영화 〈부당거래〉에 이런 대사가 나온다.

"호의가 계속되면 그게 권리인 줄 알아요."
- 영화 <부당거래> 中 류승범, 주양 역

좁게는 지인과의 관계일 수 있고, 넓게는 고객과의 관계일 수 있다.
호구가 되길 원하는 사람은 없을 것이다. 그렇다면 기버가 되어 상대
가 원하는 것을 주면서 나 역시 목적을 달성하려면 어떻게 해야 할까?

같은 것을 주고도 왜 다른 결과가 나오는 것일까? 호구와 기버의 근본적인 차이는 무엇일까?

호구와 기버는 '시간을 내 편으로 만드는 능력'이 결정적으로 다르다. 호구는 시간이 갈수록 점점 급해진다. 하지만 기버는 시간이 가도 급해지지 않는다. 시간이 갈수록 급해지는 것은 오히려 기버의 상대방이다. 급해지는 요인은 필요성, 희소성, 긴급성 3가지로 정리할 수 있다. 그리고 이를 잘 활용하기 위해서는 팃포탯(Tit for tat) 관점의 필터링, 기대감 관리, 전략적 공개를 잘 활용하면 된다. 앞서 언급된 원리와 3가지 방법론에 대해 조금 더 자세히 알아보자.

① 필요성
② 희소성
③ 긴급성
- 호구와 기버의 차이: 다급해지는 3가지 요인

급해지는 요인 중 첫 번째인 필요성에 대해 알아보자. 상대방보다 자신이 더 필요로 하는 것이 많을 때 호구가 된다. 하지만 기버는 다르다. 상대방이 필요로 하는 것이 뭔지를 정확하게 알고, 줄 수 있는 것들을 더 많이 가지고 있다. 가지고 있는 카드 패를 늘려야 한다고 여러 번 강조했다. 결과적으로 줄 수 있는 것이 많은 쪽이 기버가 되고, 없는 쪽이 호구가 될 가능성이 높다. 대개 돈 혹은 시간밖에 줄 것이 없어서 호구가 된다.

두 번째인 희소성은 가치입증과 관련된다. 가치입증에 실패해 희소성을 상실하면 호구가 될 가능성이 높다. 반대로 기버는 가치입증에 성공하여 자신 혹은 자신이 가진 것의 희소성을 높인다. 자연스럽게 수요와 공급의 법칙에 따라 기버는 여유로워지게 된다. 연애로 생각하면 빠를 것이다. 엄친아, 엄친딸은 희소하니 가치입증이 자연스럽다. 당연히 공급이 적어도 엄친아, 엄친딸을 원하는 수요가 늘 것이고, 그들을 원하는 상대방은 호구가 될 위치에 자연스럽게 놓이게 된다.

결국에는 프레임 컨트롤 싸움
- 호구와 기버의 차이

마지막으로 세 번째는 긴급성이다. 세상의 여러 호구에게 공통점이 있다면 급하다는 것이다. 다급함은 상대방이 내 수를 읽게 만든다. 결국 주도권이 상대방으로 넘어가 끌려다니는 상황이 벌어진다. 보험 세일즈를 예로 들자면, 보험 설계사와 고객 가운데 급한 쪽은 십중팔구 보험 설계사다. 실적 마감에 대한 압박과 월마다 정산되는 결과로 급여가 결정되기 때문이다. 고객은 급할 게 없다. 그러니 자연스럽게 보험 설계사가 고객에게 호구가 되는 경우가 많다. 정보의 비대칭성 때문에 결과적으로는 고객이 호구가 되기 십상이지만, 체결 전까지의 상황은 대개 고객이 갑, 설계사가 을이다.

3가지 원리에 대해서 이해했다면, 이제 구체적인 방법을 살펴봐야 할 차례다. ① 팃포탯 관점의 필터링, ② 기대감 관리, ③ 전략적 공개라는 방법론을 살펴보자.

비즈니스 만남을 포함한 모든 만남에서 가장 현명한 교류 전략인 팃포탯 전략으로 필터링해야 한다. 호구는 필터링 없이 자신이 필요하다고 느끼면 모두 상대하려는 경향이 있다. 반면 기버는 똑같이 나눔이라는 행위를 하더라도, 필터링한다. 걸러내야 할 대상과 아닌 대상을 제대로 구분하기 위해 팃포탯 전략을 적극 활용해야 한다. 게임이론 학자들이 서로 200번을 만나 죄수의 딜레마 게임을 반복 진행했다. 이때 가장 좋은 성적을 거둔 팀의 전략이 '눈에는 눈, 이에는 이'였다고 한다.

1. 처음에는 무조건 협력한다.
2. 두 번째부터는 매번 상대방의 행동을 따라 한다.
3. 상대가 협력하면 협력하고, 상대가 배신하면 나도 배신한다.
- 단순하지만 강력한 팃포탯(Tit for tat) 전략

나도 비즈니스 구조를 설계할 때 이 부분을 적극적으로 활용하고 있다. 고객을 모으는 건 아주 쉽다. 상대방이 필요로 하는 것을 여러 개 준비하고, 기획 의도대로 움직이는 고객들에게 더 큰 보상을 하는 방식으로 설계하면 고객은 저절로 모인다. 이 전략을 활용해 보자. 처음에는 무조건 협력하고, 그 후로는 상대방의 행동을 그대로 따라 하는 방식으로 진행하면 적어도 호구는 되지 않을 것이다. 명심하자, 어떤 상황이든 당신이 가진 카드 패를 늘리려는 노력을 계속해야 한다는 걸.

더불어 기대감을 잘 관리해야 한다. 인간은 예상하지 못한 것에 더 큰 감정적 동요를 일으키게 마련이다. 누군가를 만나기 전에 카카오톡 프로필 사진을 보며 한껏 기대했는데, 실제로 만나보니 기대 이하라서 실망한 경험이 있을 것이다. 이것이 기대감 관리에 실패한 사례. 똑같이 '주는 행위'를 하더라도 예상치 못한 것이 있어야 상대방의 만족감이 더 커지게 되고, 그래야 앞서 언급한 프레임 컨트롤이 가능해진다. 줄 거면 확실하게 주자. 기대보다 더 높은 수준의 것을 주면 상대방은 더 크게 반응할 것이다.

마지막으로 전략적 공개다. 결론부터 말하면 속이 다 들여다보일 만큼 단순하게 자신의 전략을 모두 공개한다는 마인드가 필요하다. 처음에는 꺼리는 반응이 나오더라도, 시간이 지나면 지날수록 먼저 반응하지 않고 관망하던 사람들까지도 먼저 소통하고 협력하려는 모습을 보일 것이다. 상대방에게 단순하고 명쾌하게 드러내야 나의 전략과 의도를 빨리 이해시킬 수 있다.

여기까지 언급한 내용들만 잘 적용하더라도 뭔가를 판매할 때 상당한 도움이 될 것이다. 부디 호구가 아닌 기버가 되길 바란다.

Chapter 5

멘탈의 힘,
문제를
해결하려
하지 마라

정크푸드, 정크볼륨

그리고 정크워리

> 정크워리란, 고통만 있고
> 삶에는 도움이 되지 않는 고민이다.

필자

 살다 보면 고민과 걱정은 필연적으로 따라오게 된다. '다른 사람들은 평온하고 행복하게 보이는데, 왜 나만 이렇게 힘든 걸까?' 누구나 이런 생각을 한다. 2000년대 들어 현대인의 고민이 조금씩 사회적 이슈가 되더니, 이제는 공론화되는 분위기다. 정신과 진료가 필요하거나, 이미 진료받은 사람들이 의외로 많다. 툭 터놓고 이야기하자면 다들 괜찮은 척 살아가지만, 속으로는 곪아가고 있다는 뜻이다. 따라서 멘탈에 관한 관심은 해가 갈수록 커지고 있다.

 Chapter 5 멘탈의 힘에 관한 내용을 구성하기 전에 고민이 많았다. 따뜻하게 보듬어야 할지, 따끔하게 충고해야 할지 말이다. 고민 끝에 내린 결론은 콘셉트를 정하지 말자는 것이었다. 따뜻한지 따끔할지는 온전히 독자인 당신의 몫이다. 그저 내 사무실에서, 가장 아끼는 사람과 함께 대화한다는 마음으로 써볼 생각이다. 때로는 힐링이 되길 바라고, 때로는 정신이 번쩍 들길 바란다.

고백하자면 나 역시 고민 많은 시기가 있었다. 고민의 시기는 대략 10년에 한 번씩 찾아오는 것 같다. 10대 중반을 살짝 넘기는 시점에 한 번, 20대 중반을 살짝 넘기는 시점에 한 번 식으로 말이다. 아마도 앞으로의 10년에 대한 걱정과 두려움 때문이었을 것이다. 내가 거둔 성과나 쌓아 올린 부의 축적과는 별개로, 이런 고민은 앞으로도 계속될 것 같다. 그래서 좀 더 근본적인 해결책을 찾고 싶었다. 압축해서 표현하자면 '현명해지고' 싶었다. 나는 그 해답을 항상 철학에서 찾았고, 찾게 되는 것 같다.

이유는 간단하다. 현재 내가 고민하는 것을 과거의 사람들도 고민했을 것이기 때문이다. 철학자란 당대의 인간적 고민과 번뇌를 가장 많이 했고, 또 이를 체계적으로 정리한 사람들이다. 20대 초중반에 만난 철학은 예상을 훨씬 뛰어넘었다. 20대까지만 하더라도 고민이 생기면 누군가에게 조언을 구했다. 하지만 지금은 다르다. 철학자가 쓴 책을 펼쳐놓고 철학자와 이야기를 나눈다. 애써 답을 구하려 들지 않는다. 질문이 더 중요하다는 사실을 깨달았기 때문이다. 이야기가 무거워지는 것 같으니 살짝 가볍게 돌아가 보자. 멘탈의 힘을 키우기 위해 가장 중요하다고 생각하는 내용을 지금부터 설명하려고 한다.

음식에는 정크푸드라는 게 있다. 맛은 있지만 건강에는 좋지 않은 음식 부류를 '쓰레기'라는 의미로 정크푸드라고 부른다. 아이러니한 것은 정크푸드의 맛이 기가 막힌다는 점이다. 그래서 먹지 말아야 한다는 것은 알면서도 실천하긴 어렵다. 머리로는 아는데 행동으로는 옮기지 못하는 것이다. 내가 만난 부자 100여 명 중에도 정크푸드를 광적으로 좋아하는 사람들이 있었다. 하지만 그들은 좋아만 할 뿐 의식적으로 정크푸드를 끊으려고 노력했다. 아니 끊으려고 하면 이미 늦으니 애초에 그런 상황을 만들지 않는다고 말하는 게 더 정확할 것이다. 몸에 해로운 정크푸드를 먹지 않는 3가지 방법이 있다고 생각한다.

① 의지를 다지고 먹지 않는다.
② 애초에 먹을 상황을 만들지 않는다.
③ 먹지 않으면 얼마나 건강해지는지를 깨닫는다.
- 정크푸드 피하기 전략 3가지

나도 정크푸드를 굉장히 좋아한다. 과거에 모시던 대표님 밑에서 일할 때 "매일 맥도날드 햄버거 1개씩을 법인카드로 사주시면 영혼을 다해 일하겠습니다"라고 할 정도였다. 영화 〈아이언맨〉에서 토니 스타크는 힘든 상황을 극복하고 음식을 먹어야 할 때 가장 먼저 치즈버거를 찾는다. 너무 공감할 정도로 나도 좋아한다. 결국 나는 법인카드로 1일 1버거에 성공했다. 그러다 건강이 안 좋아지고 먹지 말아야 할 상황이 왔을 때 처음에 발동한 것은 의지였다. 하지만 우리 모두 알고 있듯이 인간의 의지는 나약하기 짝이 없다.

문제가 있으면 반드시 해결하려 드는 성향상 두 번째 카드를 꺼내

들었다. 애초에 먹어야 할 상황을 만들지 않는 것이다. 햄버거를 좋아하는 사람과 식사 시간에 만나지 않는다거나, 밤늦게 생각나지 않도록 심하게 허기지지 않게 만드는 식으로 말이다. 인간은 상황에 영향을 많이 받기 때문에 이런 접근법은 상당한 효과가 있었다. 하지만 상황이라는 게 어디 내 마음대로 흘러가는 것이던가.

그러다가 결국 건강이 너무 안 좋아져 극약처방이 내렸다. 나는 평소에 과일, 채소를 거의 먹지 않는다. 누군가 잔소리를 할라치면 무기질과 영양소 검사를 했을 때 정상인보다 높다는 결과를 들이대며 반박했었다. 그러다가 몸에 이상이 오면서 과일과 채소를 억지로 먹기 시작했다. 딱 1개월만 식단을 관리하면서 몸에 변화를 느껴보자는 마음이었다. 그렇게 정크푸드를 먹지 않고, 식단 관리를 하면서 1개월이 지난 시점에 이 문구가 떠올랐다.

당신이 무엇을 먹었는지 말해 달라.
그러면 당신이 어떤 사람인지 알려주겠다.
- 음식 평론가 사바랭

갑자기 건강식 예찬론자처럼 보일지 모르겠지만, 멘탈도 마찬가지다. 건강한 음식을 먹어야 몸이 좋아지듯, 건강한 생각을 해야 멘탈도 좋아진다는 사실을 전하고 싶다. 그렇다면 어떻게 해야 멘탈을 잘 부여잡고 관리할 수 있을까. "멘탈 관리는 어떻게 하세요?"라는 질문을 공개적이든 비공개적이든 자주 받는다. 그럴 때마다 내 답변은 똑같다.

"멘탈 관리를 안 하는 게
멘탈 관리라고 생각합니다."

그러면 10명 중 9명은 더 이상 질문을 하지 않는다. 표현만 보면 굉장히 건방진 말이라, 속으로는 '그래, 네 멘탈 단단해서 좋겠다'라고 할지도 모르겠다. 내 의도는 그게 아니다. 평소에 몸이 건강하면 딱히 관리라는 걸 할 필요가 없다. 그냥 자연스럽게 살면 된다. 건강관리를 한다는 것 자체가 건강에 이상이 있다는 뜻이다. 멘탈은 평소에 잘 관리해야지, 이상이 생긴 후 관리하는 건 사후약방문일 수 있다는 생각에서 한 말이다.

기왕에 건강 이야기가 나왔으니 운동 이야기를 짧게 해보자. 내가 결론적으로 하고 싶은 말과 연관된 내용이다. 웨이트 트레이닝을 해본 사람은 알 것이다. 중량을 늘리거나, 세트 수를 늘리거나, 반복횟수를 늘려야만 근육이 만들어진다는 사실을 말이다. 그런데 음식에 정크푸드가 있듯이, 운동에도 정크볼륨이라는 게 있다. 요약해서 말하면 힘만 들고, 근육 생성에는 별 도움이 되지 않는 행동을 말한다.

운동은 열심히 하는데, 근육 성장이 더뎌지거나 오히려 손상되는 상황이다. 문제는 다른 사람이 하는 대로, 몸이 좋은 사람이 권하는 방식대로, 혹은 이상적인 몸매를 가진 사람이 추천하는 대로 따라 한다는 데 있다. 흔히들 헬스장에 가면 8~12회 정도 반복하라고 가르친다. 그 의미를 정확하게 모르는 사람이 대다수라 별다른 생각 없이 그대로 따라 한다. 힘은 힘대로 드는데 몸은 바뀌질 않는 것이다.

정크푸드와 정크볼륨을 이해했다면, 이제 정크워리 차례다. 정크워리(junk-worry)는, 내가 만든 말이다. 열량이 높고 영양가는 없는 음식을 정크푸드라고 하듯이, 고통만 있고 도움은 되지 않는 고민을 말한다.

내가 만난 부자 100여 명도 이 말에 공감했다. 나 역시 고민이 많은 타입이었고, 예민한 성격의 소유자이기도 했다. 앞서 고백했지만, 고등학교 때는 강박증까지 있었다. 스스로 거의 정신병 수준이라고 진단할 정도로 나 자신을 괴롭히고 힘들게 만들었다. 그러다 다음과 같은 결론을 얻었다. 이것이 진짜 당신에게 하고 싶은 말이다.

고민해서 해결될 영역은 고민하지만,
고민해도 해결되지 않는 영역은 고민하지 않는다.
- 멘탈의 힘의 근간

사람들은 고민해도 해결되지 않을 영역까지 고민한다. 통제 가능성이 떨어지는 영역을 고민한다는 의미다. 시험이 어렵게 나오면 어떡하지, 상사가 보고서를 보고 화내면 어떡하지, 고객이 내 물건을 구매하지 않으면, 손님들이 가게에 잘 찾아오지 않으면 등 전부 통제할 수 없는 영역의 고민이라 고민을 위한 고민밖에 되지 않는다. 그러면 정크볼륨처럼 힘만 들고, 정크푸드처럼 건강하지 못한 방식으로 흘러가게 된다. 내가 컨설팅이나 상담을 통해 큰 만족감을 주는 건 이런 고민 때문인 듯하다.

할 수 있는 것과 할 수 없는 것을 구분해야 한다. 실행해서 바뀔 수 있는 영역과 바뀔 수 없는 영역을 구분해야 한다. 이런 구분 없이 고민만 하면 멘탈은 계속 문제가 생기게 마련이다. 메타인지와 상황 판단 능력이라는 내부적, 외부적 인지능력이 개입된다고 생각한다. 한번 잘 삶에 적용해 보길 바란다. 고민해도 해결되지 않을 영역을 고민하느라 인생의 소중한 시간을 낭비하고 있는 것은 아닌지 말이다.

문제를
해결하려고 하면

문제는
해결되지 않는다

> **"자꾸 틀린 질문만 하니까
> 맞는 답이 안 나오잖아요."**
>
> 영화 〈올드보이〉 中 유지태, 이우진 역

당신을 포함한 대다수는 일, 인간관계, 금전적 문제가 생겼을 때 '답'을 찾는 데 많은 시간과 노력을 쏟아붓는다. 항상 어떤 답이 '정답'일지 고민한다. 이런 사고방식의 기저에는 답이 가장 중요하다는 생각이 깔려있다. 하지만 정말 중요한 것은 정답이 아니라 '문제'다.

문제가 진짜 문제고 진정한 문제라고 할 수 있다. 문제를 정의하는 일에 아무리 많은 시간과 에너지를 써도 아깝지 않다. 우리가 찾는 자료나 현황, 데이터, 나아가 방법이나 노하우 등도 모두 참고 자료일 뿐이다. 다른 사람들의 수단에 불과하다. 어디에도 진짜 문제는 존재하지 않는다.

Problem is the real problem.
문제가 진짜 문제다.

나는 여러 상황에서 질문을 많이 받는다. 그 질문의 8할 이상은 질문자 본인이 겪고 있는 문제다. 문제를 어떻게 해결하면 좋을지를 묻는다. 문제가 무엇인지를 묻는 사람은 거의 없다. 이 점이 재미있다. 건강에 대한 예를 들어보자. 여기 피부질환 때문에 고통받는 사람이 있다고 하자. 이곳저곳 병원을 떠돌고, 효과 좋다는 약을 먹어봐도 당최 낫질 않는다. 잠시 호전되는가 싶어도, 금방 재발한다. 자, 무엇이 문제일까.

문제 해결에만 초점을 맞춘 결과다. 문제의 원인이 무엇인지를 알아야 근본적인 정답을 알 수 있다. 사실 피부질환은 먹는 것, 즉 식습관에서 발생하는 경우가 대부분이다. 물론 약으로 치료가 가능한 범위가 있지만, 약으로 해결되지 않는다면 먹는 음식을 개선해야 한다. 진짜 문제인 식습관을 개선하면 자연스럽게 치료로 이어진다. 영화 〈올드보이〉에서 최민식은 "왜 날 15년간 가둔 것이냐?"라고 유지태에게 묻는다. 그러자 유지태는 '왜 가뒀는지'가 아니라 '왜 풀어줬는지'를 생각해 보라고 말한다.

이번 장의 주제는 멘탈의 힘이다. 당신의 멘탈, 즉 사고와 판단의 질적 수준이 당신의 행동 수준을 결정한다. 이런 행동이 결과에 상당한 영향을 미친다. 그렇기에 나는 무엇보다 마인드셋을 상당히 강조하는 편이다. 사고, 판단, 마인드 3가지를 갖추는 것이 원하는 것을 얻고, 행복한 삶을 사는 지름길이라고 강조하고 싶다. 이 3가지를 제대로 잡기 위해 무엇보다 중요한 것은 문제가 아닌 질문에 집중하는 태도다.

돈을 벌고자 했을 때, 비즈니스를 만들 때 가장 신경 쓴 영역은 마케팅이 아니라 '기획력'이었다. 마케팅은 문제 해결에 초점이 맞춰져 있지만, 기획력은 좋은 질문을 통한 문제 구성에 초점이 맞춰져 있다.

문제 해결 중심 vs 문제 구성 중심
- 마케팅과 기획력의 차이점

자연스럽게 마케팅은 상황에 대해 수동적인 접근이 주가 되고, 기획력은 능동적인 접근이 주가 될 수밖에 없다. 문제를 대처하는 방식은 문제를 미리 방지하는 것이다. 문제가 일어나면 문제 해결에 초점을 맞추기보다 좋은 질문으로 문제가 무엇인지를 정확하게 파악하는 것이 우선이어야 한다. 정답은 아닐지 모르겠지만 이 방법으로 10년 전에 월 1,000만 원 소득을 넘어봤고, 혼자서도 연 5억은 벌 수 있게 되었으며, 30대 중반을 넘으면서는 45억짜리 계약서를 제안받을 수 있었다.

돈을 버는 일이란 어떤 의미로는 상대방의 문제를 해결하는 것이라고 할 수 있다. 그래서 문제 해결보다는 문제 구성에 초점을 맞춰야 한다. 좋은 질문을 연습하면 공부, 연애, 운동, 사업 등을 더 잘 할 수 있다. 나아가 '인생을 잘 사는 능력'도 기를 수 있다. 특히 우리나라에서는 이러한 능력이 더욱 차별화되고 희소성 있다. 나 역시 좋은 답을 주는 사람보다는 좋은 질문을 던지는 사람을 더 가까이 두려고 노력한다.

누구에게나 모두 적용될 수 있는 '정답'이라는 건 점점 사라질 것이다. 조금만 생각해 보면 어떤 한 사람에게 딱 들어맞는 100%의 정답은 보편성이 없다는 걸 알 수 있다. 즉, 정확도를 높인 대신 보편성을 희생한 것이다. 그래서 A에게 통하는 방법이 B에게는 통하지 않는 것이다. 유튜브만 봐도 '방법'이라는 제목의 해결책은 차고 넘친다. 누구 것을 참고해야 할지 고민될 정도다. 그런 능력으로는 앞으로 살아남기 점점 더 힘들어 지지 않을까 생각한다. 문제를 구성할 수 있는 능력, 문제를 파악하기 위한 좋은 질문을 던지는 능력이 앞으로의 시대가 요구하는 흐름이다. 개인적인 삶으로 좁혀 보더라도, 멘탈이 강해지고 싶다면 좋은 질문을 던질 줄 알아야 한다.

내게 고민을 털어놓거나, 상담받으러 오는 사람들에게 정답을 줬다고 생각하진 않는다. 물론 그렇게 생각해 준다면 감사할 따름이지만, 내가 했던 역할은 단 하나로 귀결된다. 바로 좋은 질문을 던져준 것이다. 정답과 좋은 질문 중 나는 후자에 더 자신 있다. 그것이 상대방을 장기적으로 돕는 길이라고 믿는다.

남산 정상에서 눈덩이를 굴린다고 가정해 보자. 정상에서 한 손에 들어오는 눈뭉치를 5cm 정도만 서로 다른 방향으로 굴린다면 어떻게 될까? 내려간 지 얼마 되지 않을 때는 둘 다 크기나 위치에 큰 차이가 없다. 하지만 산 아래로 눈 뭉치가 내려왔을 땐 하나는 강북을, 다른 하나는 강남을 마주하고 있을 만큼 크기와 위치가 크게 달라질 것이다. 아주 작은 시작이 큰 결과를 만들 수 있다는 걸 기억하자.

'어디서부터 시작할 것인가'라는 문제는 우리 생각보다 훨씬 중요하다. Chapter 1의 대전제 ②에서 강조한 것도 이런 맥락이었다. 까먹었다면 다시 보자. 인생은 짧게 봐도 길게 봐도 '스노볼링' 게임과 같다. 당신의 문제를 해결하고 싶다면 해결이 아니라 문제 구성에 초점을 맞추길 바란다. 멘탈이 단단해질 것이고, 돈, 공부, 자아실현 등 인생의 목표를 달성하는 것도 한결 수월해질 것이다.

과정은
철저하게
부정적으로,

결과는
긍정적으로

나는 생각한다.
그러므로 나는 존재한다.

르네 데카르트

대학 시절 철학과 수업을 들으면서, 인생의 방향성을 설정하는 데 도움을 준 철학자를 만났다. 생각한다는 것이 곧 존재한다는 말. 데카르트의 사고체계에서 내가 얻은 힌트를 이야기해 보려고 한다. 결론부터 말하면, 사람들 대다수가 과정에서는 긍정적으로, 결과는 부정적으로 생각하는 경향이 있는데 이것은 잘못되었다. 내가 만난 1,000여 명의 일반적인 사람들에게서도 이러한 경향이 확인되었다. 그러나 부자 100여 명은 정확히 대척점에 서 있었다.

"이거 맞아?!"
- 과정에서 항상 던지는 질문

인간은 누구나 자신이 선택한 길이 최선이라고 믿는다. 그리고 그

믿음은 웬만해서는 깨지지 않는다. 우여곡절을 겪어야 겨우 바뀔까 말까다. 책 한 권으로 사고방식이 180도 달라지고, 그래서 인생이 탄탄대로를 걷게 된다는 이야기는 반쯤 '구라'일 가능성이 높다.

인간은 경험의 동물이다. 자기 경험의 한계치를 벗어나서 사고하고 판단하기란 쉽지 않다. 금수저, 흙수저를 들먹이는 사회 구조적 모순에 대해 들어본 적이 있을 것이다. 우리 사회에 존재하는 '유리천장'을 직접 경험한 사람이라면 더더욱 뼈저리게 느낄 것이다. 그런데 사회 구조에서만이 아니라, 개인의 사고에도 이런 유리천장이 존재하는 건 아닐까.

내 고민은 여기서 시작되었다. 20대 시절이었다. 앞으로 겪어보지 못한 일들을 마주하게 될 것이라는 생각이 들었다. 그 상황에서 경험에 기반해 의사결정을 내리게 될 텐데 '사고적 유리천장'을 어떻게 깨야 할지 고민이 되었다. 이때 고민 해결에 큰 도움을 준 철학자가 바로 데카르트였다. 부자 100여 명과 이야기를 나누면서 이런 책이나 영상, 혹은 대중 앞에 솔직하게 공개하지 못하는 주제들이 참 많다는 것을 느꼈다. 이유는 간단하다. 불편하게 받아들일 것이기 때문이다. 그 가운데 하나가 바로 생각이다. 한 부자의 말을 들어보고 각자가 판단하길 바란다.

"사람들 대부분은 스스로 생각한다고 착각하죠. 두뇌에서 일어나는 생물학적 작용에 불과한데도

말이에요.
진짜 생각하는 연습이 중요하다고 봅니다."
- 실명을 공개할 수 없는, 내가 만난 부자가 한 말

쏩쏠하거나 불편한 감정이 들 수 있다. 일단 부자가 이런 말을 했다는 것 자체에 반감이 생길 것이다. 과거의 나였으면 정의감 비슷한 감정으로 그 부자를 좋지 않게 봤을지도 모른다. 하지만 이 말을 듣는 순간 '중립기어'에 놓고 생각해 보았다. 남들보다 더 많은 것을 이룬 사람이 왜 저런 말을 했을지 다시 한번 곱씹어 본 것이다. 그 결과 내가 만난 1,000여 명의 사람들보다는 사회 구조가 어떻게 흘러가는지에 대해 조금 더 알고 있었기 때문에 그 말을 이해할 수 있었다.

"대중들은 개돼지입니다.
적당히 짖어대다 알아서 조용해질 겁니다."
- 영화 <내부자들> 中 백윤식, 이강희 역

멘탈의 힘을 기르고 싶다면 '중립기어'를 놓을 줄 알아야 한다고 강조하고 싶다. 사고와 판단 능력을 기르고 싶어도 마찬가지다. 내 삶이고, 내가 하는 일이라서 상황을 객관적으로 보지 못하는 건 나도 당신도 마찬가지다. 하지만 객관적으로 보기 위해 노력하는 것과 노력하지 않는 것은 큰 차이가 있다.

나는 목표를 세우거나 해야 할 일이 생겼을 때, 결과에 대해서는 크게 고려하지 않는다. 이유는 앞에서 설명했었다. 결과는 우리 손을 떠나 있지만, 잘될 것이라는 믿음이 중요하다. 무엇보다 가장 많이 실수하는 부분이 과정에서 의심하지 못한다는 점이다. 혹은 의심하는 타이밍이 너무 늦었을 수도 있다. 나 역시 이 부분을 고치고 싶었고, 도움을 받았던 것이 바로 '방법론적 회의'다.

데카르트는 근원적 회의와 방법적 회의로 구분해서 참된 지식을 찾으려 노력한 사람이다. 근원적 회의는 참된 지식의 존재 가능성에 대해 의심하지만, 방법적 회의는 의심의 여지 없는 참된 지식의 존재를 상정하고, 그것을 찾기 위한 방법에 집중한다. 대학교 시절 내가 삶에 적용한 방식은 이렇다.

'원하는 결과와 상황이 존재할 가능성에 대해서는 추호도 의심하지 말자. 세상에 안 되는 것은 없다. 다만 그것을 이룰 방법에 대해서는 끊임없이 의심하자.' 사람들 대다수는 과정 단계에서 맹신한다. 조금씩 방법을 바꿔서 시도하거나 개선하려는 모습을 보이지 않는다. 그리고는 결과가 잘 나오기를 '기도'한다.

어제보다 조금 더 나은 오늘이면 되고,
오늘보다 내일 조금 더 나아지면 된다.
단 1%만이라도 말이다.
- 내가 중요하게 생각하는 마인드

결과는 꾸준히 ○○○○ 실행하면 나오게 되어있다고 생각한다. ○○○○에 들어갈 말은 '개선시켜'다. 꾸준히 실행해도 결과가 안 나올 수도 있다. 하지만 조금씩 나아지는 방향으로 실행하면 결과는 무조건 나온다. 아주 미약한 변화라고 만들 수 있다면 시간의 문제일 뿐이다. 하지만 같은 방법을 반복하면서 다른 결과가 나오리라 기대하는 사람들이 많다. 정신병 초기증세라고 했던 아인슈타인의 말을 떠올려야 할 사람들이다.

같은 방법으로는 절대로 다른 결과가 나오지 않는다. 과정에서 철저하게 부정적이고, 비판적이며 심지어 냉소적일 필요가 있다. 거창한 계획, 매력적인 비전 같은 것들도 물론 좋다. 하지만 정신적 자위로 그칠 가능성이 높다. 그보다는 과정에서 철저하게 부정적인 태도를 가지려고 노력하자. 그러다 보면 분명 시간은 당신의 편이 될 것이다. 그렇게 될 당신을 응원한다. 데카르트가 강조했듯이, 경험을 통해 얻은 것은 정확하지 않다. 경험이 아닌 이성을 통해 과정의 진실에 가까워지고, 나아가 진실을 찾기 위해 노력해야 한다. 과정에서 항상 나 자신에게 던지는 질문을 당신에게도 던져보길 바란다.

"이거 맞아?!"

최상의 기회는
위기고,

최악의 결과는
기회다

**90%가 찬성하는 방안이 있다면
나는 꼭 그것을 쓰레기통에 갖다 버린다.
이렇게 많은 사람이 좋다는 계획이라면
분명 많은 사람이 시도했을 것이고,
그 기회는 우리 것이 아니기 때문이다.**

마윈

정말 좋은 기회가 왔다고 느낀 적이 있는가? 혹은 반대로 정말 최악의 결과라고 느낀 적은? 나는 이 책에서 부자 100여 명과 부자가 되고자 하는 1,000여 명을 만나면서 정리한 패턴을 설명하고 있다. 그중 하나가 위기와 기회에 관한 판단 시점과 대응방식이 다르다는 점이었다. 살면서 위기와 기회를 자주 마주하게 된다. 원래 인생이라는 게 멀리서 보면 희극이고, 가까이서 보면 비극이라 하지 않던가. 멀리서 보면 잘 풀리고 있는 사람도 막상 들여다보면 그렇지 않은 경우도 많다. 그저 내 일이 아니기 때문에 관심이 적어서 속사정을 모를 뿐이다.

**잊지 마라.
벽을 눕히면 다리가 된다.
– 안젤라 데이비스**

지난 2년간 수많은 사람이 위기와 기회를 어떻게 받아들이는지를 관찰했다. 그 결과 반응을 크게 3가지로 정리할 수 있었다.

① 상황에 따른 감정의 온도차가 크다.
② 기회가 진정 기회인가라는 위기의식을 놓친다.
③ 위기가 오면 쉽게 흔들린다.

결론부터 말하자면 프레임 문제다. 중심이 잡히지 않으니 작은 바람이 불어도 등 뒤에서 불면 순풍이라고 느끼고, 바람을 마주하면 역풍으로 받아들인다. 분리하기보다는 엮어서 3가지를 설명해 볼 참이다. 지금부터 말하는 것들은 나 스스로 경계하기 위해 항상 되뇌는 내용도 포함되어 있다. 나도 사람이고, 완벽하지 않기 때문이다.

감수성이 풍부하고 공감능력이 뛰어난 것과 상황에 대한 냉철한 판단을 구분해야 한다. 직접 만난 부자 100여 명은 이 2가지를 잘 구분할 줄 아는 능력이 있었다. 투자를 통해 성과를 거두었다고 가정해 보자. 감정적으로 기쁘고 즐거운 것이 사실이다. 하지만 이 감정이 다음 단계에서 내려야 할 판단에 영향을 미치는 정도가 더 작은 쪽은 단연 부자들이었다. 반대로 부자가 되기 위해 노력하는 1,000여 명은 감정적 의사결정이 상당히 많았다.

독자들을 생각해 여과해서 표현해야 할지 고민했지만, 그냥 그대로 전하는 게 맞을 것 같다는 결론이 나왔다. 부자가 되고 싶어 하는 사람들은 이렇게 생각한다. "세상에서 나에게 닥친 일이 가장 힘드니 공감받고 위로받아야 하며, 나에게 다가온 행운이 가장 가치 있으니 남들에게 인정받아야 한다." 너무 냉소적인 건 아닌지 의심스러워 부자들에게 물어봤다. "사람들 대부분은 어떻게 상황을 인식하고, 또 어떻게 반응하는 것 같나요?"라고 말이다. 내 생각과 표현은 양반이었다. 관계성이 더 좋은 사람일수록 표현은 더욱 적나라했다.

물론 상황에서 벗어날 수 없는 것이 사람이다. 하지만 상황에 대한 반응은 개인의 선택이다. 상황이 너무 좋다고 하더라도 냉철하게 바라보면 '준비되지 않은 경사'인 경우가 많다. 스몰 비즈니스를 하는 사람들, 쉽게 표현해 연 매출 순익이 10억 이하라면 다음 질문에 솔직하게 답해 보자.

"만약 내일 하루 24시간 동안 고객 문의와 주문이 평소 10배 이상 들어오더라도 감당할 수 있을까요?" - 강의 혹은 컨설팅에서 던지는 질문

준비되지 않은 행운은 위기일 뿐이다. 가뭄을 겪고 있다가 갑자기 홍수가 나서 진흙탕이 되는 것과 마찬가지다. 정신 차리고 스스로 놓친 것은 없는지, 감당해야 할 무게는 어떤 것이 있는지 빨리 점검하고 대처해야 한다. 원하는 계약서를 쓰는 것, 누군가에게 선정되는 것, 기다리던 승인이 떨어지는 것 등 기쁜 소식에 대화를 나누다 보면 걱정이 앞선다. 준비되지 않았는데 과연 기뻐만 해서 될 일인지 말이다. 행복을 느끼고 즐기지 말라는 의미가 아니다. 충분히 즐겼다면, 그 뒤에는 다시 현실로 돌아오라는 말이다. 누리고 싶다면 차라리 '제대로, 단시간에' 즐기고 끝내는 게 현명하다.

반대도 마찬가지다. 위기는 준비되지 않은 상태에 대한 경고 메시지다. 살다 보면 누구에게나 위기가 찾아온다. 나도 당신도 그리고 부자들도 마찬가지다. 하지만 반응은 다르다. 부자가 되기 위해 노력하는 1,000여 명은 위기가 시작되면 사고의 시점이 '지금까지'로 돌아간다. 즉 과거에 얽매이는 것이다. 위기를 극복하려면 '앞으로'를 고민하고 대책을 세우는 수밖에 없다. 자기가 걸어온 길을 후회하거나 심지어 부정하는 자기 파괴적으로 나와 봤자 나아지는 건 아무것도 없다. 더욱 중요한 사실은 이런 태도를 자각하지도 못한다는 점이다.

'과거-현재-미래'가 아니라 그저 '지금까지-이 순간-앞으로'일 뿐은 아닐까. - 시간에 대한 프레임 재정의

어차피 빈손으로 왔다가 빈손으로 가는 것이 삶이다. 하고 싶은 걸 후회 없이 하면서, 현재에 맞춰 자신이 내릴 수 있는 최선의 판단을 연속적으로 해나가는 것이 행복이라고 생각한다. 위기가 다가왔을 때 되돌아본다는 이름으로 자꾸 자책하는 태도를 보일 필요 없다. 위기는 그저 준비되지 않았다는 상황을 알려주는 것, 그 이상 그 이하도 아니라는 관점을 가져보자.

길게 보자. 나도 그러려고 노력하고 있고, 이야기를 나눈 부자들도 마찬가지였다. 비운의 주인공처럼 세상 사람들이 나를 알아주길 기다리는 건 수동적인 태도다. 진정한 자유, 행복이 무엇이라고 생각하는가? 기본은 주체적이고 능동적인 태도다. 유년 시절 정확히 누가 말해 줬는지는 기억나지 않지만, 들은 이후로 항상 가슴에 새기는 문장이 있다.

세상을 다 얻은 것 같을 때는 위를 바라보고,
세상을 다 잃은 것 같을 때는 아래를 바라보거라.
- 멘탈을 잡아준 프레임

받아들이기에 너무 매몰차게 느껴졌거나 혹은 불편했더라도 너른 마음으로 이해해 주었으면 한다. 이번 내용은 나 자신에게 건네는 말들로 채우려고 노력했다. 누구에게나 위험한 순간이 오기도, 기회가 찾아들기도 한다. 위기(危機)라는 단어가 위험과 기회를 하나에 담고 있듯이 말이다. 각자 가진 마음의 프레임을 한 번쯤 점검해 보자.

진정한
행복의 비밀

인생에 있는 큰 비밀은
큰 비밀 따위는 없다는 것이다.
당신의 목표가 무엇이든 열심히 할
의지가 있다면 달성할 수 있다.

오프라 윈프리

누구나 갈망하는 대상이 있다. 원하는 삶이 있고, 원하는 상황이 있고, 원하는 목록이 있다. 지금까지의 경험을 토대로 앞을 비추어보았을 때 깨달은 것들을 이야기하려고 한다. 주제는 다름 아닌 행복이다. 멘탈의 힘을 갖추기 위해서는 행복이 무엇이고, 어떻게 얻는지를 알아야 한다. 일단 나의 '개똥철학'과는 별개로, 이 책을 사서 읽고 있는 독자들을 위해 내 인생 책 한 권을 소개한다.

개인적으로 책 추천을 하진 않는 편이다. 읽는 이의 관점에 따라 좋은 책일 수도 아닐 수도 있기 때문이다. 싫어서가 아니라 조심스러워서 못 하는 것이라는 게 정확하다. 그런데도 몇 권만은 꼭 읽어보길 권하고 싶다. 그중 하나가 바로《굿 라이프》다. 최인철 교수님의 행복에 관한 통찰이 잘 담겨있으니, 천천히 여유 있게 읽어보고 삶을 반추해보길 바란다. 이제 이번 주제인 '진정한 행복의 비밀'에 대해 말해보자.

결론부터 말하면, 진정한 행복은 결과가 아닌 과정에서 온다는 것이다. 단, 목표가 설정되어 있어야 한다는 전제가 붙는다.

간단한 예로 지금 원하는 물건을 떠올려보자. 남자라면 명품시계, 여자라면 명품가방일 수 있다. 행복이 가장 큰 순간은 그것을 살 수 있을 것 같다는 확신이 들 때다. 구체적으로는 그 물건을 사러 가는 길이 가장 행복하다. 직접 내 것으로 소유하게 되었을 때나 결제하는 순간의 행복도 크지만, 사실은 사러 가는 과정에서의 설렘이 훨씬 더 행복하다. 물건을 얻고 난 이후엔 익숙해지고, 무뎌진다. 즉 행복감이 점점 내려가게 되는 것이다.

이 간단한 예시를 통해 내가 설명하고자 하는 것은 따로 있다. 바로 목표를 이루고 싶은 사람이 갖춰야 할 '멘탈의 힘'이다. 약 7년 전쯤 이런 생각을 한 적이 있다.

네이버 블로그로
내가 원하는 키워드의 상위노출을 다 잡을 수 있다면
얼마나 행복하고 걱정이 없을까?
- 블로그 왕초보 시절

그때는 블로그 상위노출만 하면 소원이 없을 것 같았다. 지금 당장 고객을 모으는 것도 힘들고, 내가 원하는 만큼 돈을 벌지도 못하던 상황이라 네이버 블로그 상위노출만 되면 내 목표들이 모두 이뤄질 것 같다는 '막연한 희망'이 있었다. 그리고 엄청나게 행복할 것 같았다. 그렇게 시간이 지나, 이제는 그 목표와 꿈이 어느 정도 이뤄졌다. 그런데 아이러니하게도 예상했던 것만큼 행복하진 않다.

7년이라는 시간 동안 언제 행복했는지를 누가 물어본다면 확실히 말할 수 있다. 점점 블로그 상위노출이 되어가는 과정, 블로그로 원하는 결과를 얻어내는 과정이었을 때가 가장 행복했다고 말이다. 그런데 정작 그 과정에 있을 때는 행복을 느끼지 못한다. 이것이 인간이 갖는 한계가 아닐까.

이 경험에서 나는 진정한 행복은 결과가 아닌 과정이라는 결론에 이르렀다. 행복에 관한 나름의 기준과 철학이 생기고 나니, 어쩌면 매 순간이 행복한 순간일지도 모른다고 생각하게 되었다. 나 역시 개인적인 목표와 사업적인 목표가 있다. 예전 같았으면 그게 이뤄져야 행복할 거라고 생각했을 것이다. 하지만 지금은 아니다.

목표를 위해 다가가는 매 순간이 행복인데, 그것을 자각하지 못하는 건 너무 아깝다고 믿고 있다. 이렇게 사고하면 얻게 되는 큰 장점이 하나 있다. 힘든 시련에 부딪히더라도 회복력이 좋아진다. 앞에서도 얘기했지만 많은 사람이 멘탈관리를 어떻게 하는지 묻는다. 나는 한결같이 이렇게 대답했다.

"멘탈 관리요? 멘탈 관리를 안 하는 게 가장 좋은 관리법인 것 같아요."

잘못 들으면 오해하기 딱 좋다.

멘탈을 관리의 대상으로 생각하는 그 순간, 멘탈은 뭔가 문제가 있는 것으로 낙인찍히게 된다. 멘탈 관리의 목적은 행복이 아닌가. 그렇다면 행복해지는 방법을 알면 특별히 관리할 필요도 없어질 것이다. 행복은 설정된 목표를 향해 나아가는 과정에서도 충분히 느낄 수 있다. 계획대로 순조롭게 나아가면 당연히 행복감을 느낄 수 있고, 반대로 시련과 어려움이 발생해도 해결만 하면 목표에 가까워지니 행복감을 느낄 수 있다. 행복은 결과에 있는 것이 아니라 과정에 있다는 것을 제대로 이해하는 것이 중요하다. 그래야 멘탈이 강해진다.

앞서 부자와 부자가 되기 위해 노력하는 1,000여 명이 구별되는 특징을 설명했었다. 그중 첫 번째로 상황에 따른 감정의 온도차가 크다는 점을 지적했다. 감정의 온도차가 크게 벌어지지 않아야 처한 상황을 객관적으로 볼 수 있다. 이런 냉철함을 유지해야 더 올바른 선택을 할 수 있다. 이런 선택이 결국 원하는 결과를 만들어 내는 근본이 된다.

문제 삼으면 문제가 되지만
문제 삼지 않으면 문제가 되지 않는다.
- 중국 속담

블로그 상위노출뿐이겠는가. 우리가 원하는 그 무엇이든 똑같은 방식으로 작동한다. 지금은 원하는 키워드를 원하는 방식대로 노출할 수 있지만, 남들이 예상하는 것만큼 행복감이 크지는 않다. 오히려 상위노출 방식을 하나씩 연구하고 도전하는 과정이 더 행복했던 것처럼 다른 목표들도 과정이 중요하다고 생각한다.

나만 그런 게 아니다. 부자 100여 명과 소통하면서, 그들이 가진 열정의 원동력이 무엇인지 질문했을 때 나온 대답도 비슷했다. '과정 자체에서 오는 즐거움이 크고, 달성할 수 있겠다는 확신이 드는 시점'이 가장 행복한 법이다. 당신도 과정에서의 확신이 다가오길 진심으로 응원한다.

Chapter 6

세일즈의 힘, 누구나 무언가를 팔면서 살아간다

자본주의에서

꼭 가져야 할
능력

**우리가 저녁 식사를 기대할 수 있는 건
빵집 주인의 자비심 때문이 아니라
이익을 추구하는 그들의 생각 덕분이다.**

애덤 스미스

우리가 속한 사회경제적 시스템을 지칭하는 단어는 바로 '자본주의'
다. 자본주의는 '자유 시장 경제'를 바탕으로 움직인다. 사람들 대부분
은 부자가 되길 원하고, 돈을 많이 벌고 싶어 한다. 재미있는 것은 게임
의 규칙을 제대로 이해하지 못한 채 그런다는 점이다. 최근 5년간 유튜
브를 비롯한 다양한 채널들을 통해 경제에 대한 평균 소양이 많이 올
라간 건 사실이다. 그러나 자본주의와 자유 시장 경제라는 게임 내부
에 작동하는 규칙을 제대로 이해하려는 노력은 여전히 많이 부족하다.

부자가 되고 싶다고 생각하는 건 그저 막연한 '생각'에 불과하다. 이
상태에서는 그 어떤 방법론을 사용해도 효과가 없다. 공부도, 운동도,
연애도 다 마찬가지다. 특정 방법론 자체로는 별 의미가 없는데도 지
금 당장 '따라 하기 쉽고' 그러니 '될 것만 같아서' 집착하는 건 아닌지
고민해야 한다.

"〇〇〇을 해서 월 1,000만 원을 벌었습니다."
- 이제는 좀 안 봐도 될 것 같은 클리셰

블로그로 월 천만 원 버는 법, 유튜브 구독자 늘리는 방법, 스마트스토어로 제2의 월급 만드는 법 등 '파이프라인'과 '자동화 시스템'을 필두로 하는 경제적 자유가 판치고 있다. 그들이 말하는 영상과 작성된 텍스트를 잘 보면 구조적인 모순이 명확하게 보인다. 실제 연봉이 10억이라는 말과 함께 '떡상'했던 유튜버가 운영하는 회사가 있었다. 얼마 전 그곳에서 일하던 핵심 인력이 회사가 적자 상태였다는 사실을 고백했다. 그런데도 한 번 가진 신념과 팬심은 쉽게 의심받지 않는다. 마치 아이돌 팬덤 문화처럼 말이다. 이런 기시감이 느껴지는 스토리를 들을 때마다 머릿속을 스치는 질문이 있다.

타이탄의 도구들?
도구만 있으면 타이탄이 될 것 같나?
- 수단이 중요한 게 아니라는 합리적 의심

타이탄의 도구들, 부의 추월차선도 마찬가지다. 타이탄의 도구들을 모으는 '수집광'이 아니라, 타이탄이 되려고 해야 하지 않을까. 부의 추월차선을 찾아다닐 게 아니라, 그 차선을 달릴 이동 수단과 운전 실력은 있는지부터 점검해야 하지 않을까. 사교육의 대명사 대한민국 입시

200

시장에서 사용했던 호객행위들이, 그대로 성인들에게도 유효타가 되고 있다. 성인이 되었음에도 호객행위에 당하고 있다.

대다수는 수단이 중요하다고 착각한다. 부자가 되기 위해 노력하는 1,000여 명은 아직도 이런 사고에 젖어있다. 하지만 부자들은 달랐다. 같은 도구(수단)라도 어떤 사람이 쓰는가에 따라 달라질 수 있음을 명확하게 인지하고 있다. 스포츠카가 있다고 아무나 베스트 드라이버가 되는 것은 아니며, 슈퍼컴퓨터가 있다고 누구나 최고의 프로그래머가 되는 것은 아닌 것과 같은 이치다.

이번 Chapter 6의 주제를 '세일즈의 힘'으로 정한 이유가 있다. 마케팅이 아니라 세일즈라고 한 이유도 명확하다. 마케팅은 수단이 있어야 의미가 있지만, 세일즈는 사람만 있어도 가능하다. 즉 존재 자체로 경쟁력을 갖게 되는 것이다. 누구도 부인할 수 없는 사실은, 우리는 누구나 뭔가를 팔면서 살아가는 존재라는 점이다. 그리고 뭔가를 '잘' 팔면서 '자유롭게' 살아가는 존재가 되고 싶어 한다. 그러려면 게임의 규칙을 이해하고 고민하는 것이 먼저다.

무엇인가를 팔 수 있는 능력은 단순히 돈 문제로 귀결되지는 않는다. 연애를 포함해 인간관계와 관련된 처세술에도 영향을 미친다. 월급 받는 직장인이라도 '자기 자신'을 누군가에게 어필해야 한다. 누군가의 마음속에 '자리잡는' 과정은 판매와 구매의 원리와 다르지 않다. 경제 활동을 하는 사람이라면 누구라도 알아야 하고, 필요한 능력인데도, 우리 사회에서 이 능력이 강조되지 않는 게 오히려 의아할 정도다.

① 수요와 공급의 법칙
② 대체 불가능의 정도
③ 선택의 대가와 포기
- '뭔가를 팔기 위해' 알아야 할 기본 원칙 3가지

뭔가를 팔기 위해 알아야 할 가장 기본적인 원칙 3가지를 정리하면 위와 같다. 너무 당연한 거 아니냐고? 하지만 본질 혹은 원리라는 것은 질문을 던지고 이해하는 정도에 따라 크게 다른 결과가 나오는 법이다.

혹시 $E = mc^2$라는 공식이 기억날까? 에너지(E)는 질량(m)에 빛의 속도의 제곱(c^2)을 곱한 것과 같다는 의미다. 보통은 '그냥 그렇구나' 정도로 넘어가지만, 공대 출신 박사 과정에 있는 사람이라면 몇 시간이고 설명이 이어질 것이다. 위 원칙들도 마찬가지다. 사업 경력이 쌓일수록, 기획과 판매가 이뤄질 때마다 새롭게 다가온다. 핵심만이라도 짚어보자.

수요와 공급의 법칙
- 뭔가를 팔기 위해 알아야 할 기본 원칙 중 첫 번째

가장 먼저 신경 써야 할 법칙이다. 돈을 포함한 집단 수준의 의사결정과 흐름은 수요-공급의 원리에서 절대 자유로울 수 없다. 해야 할지 말아야 할지를 결정할 때도 마찬가지다. 나 역시도 인생에서 중요한 의사결정에서 수요-공급의 법칙을 의식적이든 무의식적이든 적용해 왔다. 사람들이 찾아와 "○○ 분야에서 △△라는 걸 시도해 볼 생각인데, 어떤가"라는 질문을 던질 때가 종종 있다. 직관적으로 봐도 수요에 비해서 공급이 너무 많고, 데이터를 찾아봐도 과잉공급 상태라면 애초에 시작하지 않는 게 낫다. 그런데도 자신이 하고 싶은 일이라면 어떻게든 해야 할 것이다. 고생해도 포기하지 않을 각오를 했다면 말이다.

주식이나 비트코인 혹은 부동산 관련 투자도 마찬가지다. 유행이니까, '트렌드'라는 이름으로, 남들이 다 하니까 해야 한다는 사고방식이라면 당신은 실패할 가능성이 높다. 이미 해야겠다는 결심을 한 상태에서는 같은 자료를 봐도 '하지 말아야 할 이유'보다 '해야 할 이유'만 눈에 들어오게 된다. 확증편향의 대가는 참혹하다. 되도록 경쟁이 적은 곳에서 시작해야 투입되는 시간, 노력, 비용 대비 결과가 빠르게 나온다. 뚝심과 신념을 가져서 더 오래 버틸지는 모르겠지만 적어도 나는 그럴 자신이 없다. 애초에 경쟁 자체를 피하는 게 최선이라는 점은 앞에서 손자와 노자를 통해서도 전달했다.

내가 예로 들었던 블로그 상위노출 원리도 여기서 자유롭지 않다. 이것만 신경 써도 상위노출은 생각보다 어렵지 않다. 그런데도 대부분은 이를 간과하고 변죽만 친다. 알고리즘에 최적화된 글쓰기를 해야 한다는 둥, 네이버가 좋아하는 콘텐츠여야 한다는 둥. 무식하면 손발이 고생한다는 속담은 여기에도 적용된다. 효율성 극대화라는 거창한 메커니즘까지는 바라지 않는다. 일반적인 수준의 인내심과 꾸준함을 가지고 되새기고 또 되새겨야 할 원칙이 이것이다.

대체 불가능의 정도
- 뭔가를 팔기 위해 알아야 할 기본 원칙 중 두 번째

사고와 판단의 과정에서 거쳐야 할 필터는 또 있다. 바로 대체 불가능의 정도다. 살아간다는 것은 자신의 소중한 시간을 투자한다는 말과 같다. 시간은 돈보다 더 대체 불가능하다. 따라서 시간을 투자할 때는 꼭 두 번째 원칙인 대체 불가능성을 고려해야 한다. 가장 중요한 일부터 먼저 하라는 자기계발서의 클리셰는 아마도 여기에서 도출되었을 가능성이 높다. 지금 하지 않으면 타이밍을 놓치거나 영영 못 하게 되는 일, 그런 일을 먼저 해야 하는 것은 대체 불가능성을 따지는 사고와 다를 바 없다.

"제가 ○○을 해야 할까요?"라는 질문을 들을 때면 나는 대체 불가능 정도라는 기준으로 점검해 보길 권한다. '공부도 때가 있는 법이다'라는 어른들의 말도 같은 맥락이다. 나이 들어서도 공부는 할 수 있다. 하지만 얻는 것(공부)에 비해서 잃는 것(경제 활동, 다양한 경험)이 더 많으니 학생 때 열심히 공부하란 의미일 것이다. 대체 불가능한 것을 해야 한다는 말은 압도적인 실력이나 차별화를 의미하는 것이 아니다. '되도록 경쟁을 피하는 것이 좋다'는 의미로 수요와 공급의 법칙에 따른 것일 뿐이다. 스스로 꼭 점검하고 확인해 보도록 하자.

선택의 대가와 포기
- 뭔가를 팔기 위해 알아야 할 기본 원칙 중 세 번째

기회비용을 고려해야 한다. 잘 팔기 위해서는 나 자신의 기회비용 뿐만 아니라, 물건을 구매하려고 하는 상대방의 기회비용까지도 고려하는 것이 기본이다. 일반적으로 인간은 선택에 따른 기회비용을 최소화하고자 한다. 이런 기본적인 욕구에 대한 이해는 비즈니스 구조 설계부터 상세페이지 결과물에 이르기까지 자유로울 수 없다.

이 책을 보고 있는 당신이 지금 뭔가를 선택해야 할 순간일 수 있다. 그게 무엇이든 왜 그런 선택을 했는지, 그로 인해 치르게 될 대가는 무엇인지를 먼저 따져봐야 한다. 무엇보다 외부 즉 타인으로부터의 판단과 확신이 아니라, 자기 내부로부터의 판단과 확신이어야 한다.

간단하지만, 지금까지 설명한 3가지 원칙은 돈을 많이 벌고 싶고, 부자가 되고 싶은 사람이라면 매일 되새기고 재고해야 할 영역이다.

잘 안 팔리는
것들의

공통점과
그 이유

인생은 자전거를 타는 것과 같다.
균형을 잡으려면 움직여야 한다.

알베르트 아인슈타인

앞에서 우리는 뭔가를 팔지 않고는 생존할 수 없다는 점에 관해 이야기했다. 그래서 우리는 잘 팔기 위해 노력하며 살아간다. 사람들은 소비자 위치에 익숙하며, '구매하는 사람' 입장일 때가 더 많다. 당신의 지난 일주일을 되돌아보자. 그리고 이런 질문을 던져보자.

지난 7일 가운데, 생산자와 소비자 중 어느 상황이 훨씬 더 많았는가? 답은 뻔하다.

99%로 구매라는 행위를 더 많이 하고 있을 것이다. 환경과 상황이 사람을 규정짓는다. 구매하고 소비하는 쪽에 속하는 일상이라면, 이미 잘 팔 수는 없는 환경에 있는 것이다. 항상 주변에 강조하는 것 중 하나

가 마인드와 프레임이다. 당신이 원하는 것을 얻으려면 이것들이 중요하다. 잘 팔고 싶고, 팔아야 하는 상황이라면 마인드와 프레임이 먼저 바뀌어야 한다. 판매자로서 생각하고, 생산자 관점으로 바라봐야 잘 팔 수 있다. 하지만 우리를 둘러싼 환경은 이러한 생각과 관점을 갖는 것을 쉽게 허락하지 않는다.

창업, 신제품 출시, 퇴사를 고민하는 사람들을 만날 때마다 조언하는 것이 하나 있다. 어떤 상품과 서비스를 구매할 때, 생산자와 판매자 쪽에서 생각해 보자고. 이것은 마케팅을 잘하고 싶은 사람이 명심해야 할 내용이기도 하다. 내가 만난 부자 100여 명 가운데는 젊은 사람들도 꽤 많다. 그들의 두드러진 공통점은 '호기심'이다. 단순하게 궁금증이 많다는 의미가 아니다. 구대륙에서 느끼는 불편함과 그에 따른 문제의식이 있는 사람들이 신대륙을 발견했을 것이다. 역사는 반복된다.

한 끼를 해결하든 커피 한 잔을 마시든 마찬가지다. 부자들은 특정 상황에서 불편을 찾아내고, 문제의식을 보이면서 '이런 방향으로 솔루션을 제공하면 사람들의 반응은 어떨까?'라는 질문을 습관적으로 던진다. 사람들 대부분이 불평, 불만에서 그치는 것과는 완벽하게 대조되는 모습이다. 이들과 만나면 시간 가는 줄 모르고 대화하게 된다. 대화 안에서 브레인스토밍이 자연스럽게 일어난다.

최근에 내가 강조하는 것 중 하나가 '질문력'이다. 질문할 수 있는 능력과 힘이 곧 삶의 질적 수준을 바꾼다고 생각한다. 우등생이 우등생인 이유는 열심히 공부만 해서가 아니라 질문 능력이 뛰어나서다. 왜 이렇게 문제를 풀어야 하는지, 더 나은 암기 방법은 없는지, 궁극적으로는 왜 공부해서 대학에 가야만 하는지 등 끊임없는 질문이 그들을 우등생으로 만든다. 마찬가지로 어떤 분야든 질문을 던지는 빈도와 의문 제기의 질적 수준이 결국 결과물을 만든다고 생각한다.

여담이지만, 나는 운동을 상당히 좋아한다. 학창 시절에는 축구, 농구, 야구까지 3대 구기 종목을 너무 좋아했는데, 대학 진학 후에 한 가지에만 집중하기로 선택한 게 바로 축구였다. 대학교 축구팀에서 주장을 두 번이나 했고, 주전 공격수로도 뛰었다. 운동능력이 매우 뛰어났던 게 아니다. 나는 한 경기를 뛰더라도 항상 질문하려고 노력했다. 연습과 실전을 막론하고, 한 골을 더 넣는 것보다 하나의 문제의식을 찾아내는 것을 더 중시했다.

신체적 능력이 뒤처지는 건 아니지만 그렇다고 특출나지도 않았다. 그렇기에 몸이 아닌 머리로 하는 축구를 선호했고, 결과적으로 어떤 경기에서도 최소 한 골 이상을 넣는 준수한 공격수가 될 수 있었다. '피지컬'이 아닌 '뇌지컬'이 훨씬 중요하다고 확신을 가졌던 것은 이때부터다.

이런 확신 이후 금수저도 아닌 나는 매번 좋은 성과를 낼 수 있었다. 아직 엄청난 자산가는 아니지만, 적어도 원할 때 원하는 방식으로 돈을 벌 수 있는 능력만큼은 확실히 갖추었다. 그런데도 사람들은 매번 방법만을 물어본다. 어떤 마케팅을 했는지, 어떤 사업 구조를 만들었는지 등의 질문들 말이다. 사람들이 알고 싶어 하는 방법을 나는 전부 알려준다.

가끔 왜 그렇게까지 다 알려주냐는 핀잔도 듣는다. 그러면 학창 시절에 공부 방법을 묻는 친구에게 대답한 것과 똑같은 말을 한다. "어차피 다 알려줘도 똑같이 못 따라 하니까."

잘 안 팔리는 것들의 공통점이 자연스럽게 정리될 것이다. 상품과 서비스 문제가 아니다. 그것을 기획하고 만든 사람이 문제다. 상품과 서비스는 어떤 문제의식이 눈에 드러난 결과물일 뿐이다. 잘 안 팔리는 것들은 문제의식의 수준이 낮지 않은지부터 다시 살펴봐야 한다.

자기가 직접 만들고 판매하는 경우라면 대부분 그 애착 정도가 상당하다. 내 자식 같은 느낌이라는 건 200% 충분히 공감한다. 세상에 나의 상품과 서비스를 내놓는 것은 두려움보다 설렘이 더 큰 법이다. 하지만 그런 감정은 짧고 굵을수록 좋다. 그보다는 어떤 불편함이 있는 건 아닌지 끊임없이 살피고 고민해야 한다. 그게 대한민국에서 가장 좋은 마케팅 방법을 배우는 것보다 더 중요하다고 생각한다.

단순한 마케팅 방법 자체는 기능 혹은 예능이다. 하지만 이런 질문력을 갖추면 기술에서 예술의 경지까지 이를 수 있다. 앞에서 '작업'이 아닌 '직업'이 되어야 하며, 점 하나를 빼는 과정이 필요하다고 강조하기도 했다. 고슴도치도 제 새끼는 함함하다니 내가 만든 상품과 서비스는 오죽할까. 어미가 새끼 고슴도치의 바늘을 인식하지 못하듯 단점과 개선점을 찾기란 쉽지 않다. 빼야 할 점 하나는 바로 '나 자신'이다. 결국 그 물건을 구매하고 소비하는 사람은 내가 아니라 상대방이다. 그러니 상대방 쪽에서 바라보는 능력은 내 주관을 갖추는 능력만큼이

나 중요하다. 세상을 살아가는 방법도 이 둘 사이의 균형을 얼마나 잘 맞추느냐에 따른 시소게임이 아닐까 생각한다.

나의 주관 vs 상대방의 입장
- 인생을 결정하는 메타인지적 시소게임

잘 안 팔리는 것들의 공통점은 명확하다. 상대방 입장은 없고, 내 주관에 매몰되어 있기 때문이다. 아니라고 말하고 싶을 것이다. 컨설팅이나 고민 상담을 하러 온 사람들은 모두 다 그렇게 대답한다. 하지만 질문 3가지 정도만 던져봐도 그 신념에 금이 가거나 와르르 무너지는 경우를 너무 많이 봐왔다. 필요하다면 얼굴을 마주하고 이야기하는 순간을 기다리겠다. 내 반응이 매울지 순할지는 당신에게 달렸다.

언젠가는
돈으로 바뀔

프리미엄의
비밀

> 미래의 가장 좋은 점은
> 한 번에 하루씩 온다는 것이다.
>
> 에이브러햄 링컨

나를 마케팅 전문가라고 생각하는 사람들이 꽤 많다. 하지만 마케팅 매체를 활용하기 위해 기술적으로 반드시 필요한 것 외에는 실무에서 손을 놓은 지 오래다. 방향성을 잡는데 중요한 것이 아니라는 판단 때문이다. 기능적인 영역보다는 기술적인 영역이, 기술적인 영역보다는 예술적인 영역이 훨씬 더 가치 있고 오래간다고 생각한다. 기능과 기술이 필요한 부분은 직원을 채용하거나 아웃소싱하기로 마음먹었던 것도 그 때문이었다.

Premium vs Freemium
- 시간을 내 편으로 만들어 돈을 버는 원리

마케팅을 잘한다고 생각하지 않는다. 그저 남들보다 기획에 더 신경 쓰니 좋은 결과로 이어진다고 본다. 시간이 갈수록 기획력이 더 중요한 능력인 것 같다. 갑자기 마케팅과 기획력을 이야기하는 이유는 인터넷이 파괴한 점을 정확하게 이해해야, 이번 주제에서 다룰 프리미엄(Premium)과 프리미엄(Freemium) 전략을 잘 활용할 수 있기 때문이다.

인터넷은 많은 것을 바꿔놓았다. 아니, 인터넷이 파괴한 것이 너무나 많다. 당장 코로나를 겪은 2년여 동안 직간접적으로 많은 산업군에서 지각변동이 일어났다. 인터넷이 파괴한 것들을 정확히 파악해 판매 방식을 바꾸지 않으면 똑같이 노력해도 전혀 다른 결과를 마주하게 될 것이다. 여러 가지가 있지만 여기서는 가장 중요한 한 가지 포인트에만 집중하자. 결론부터 말하면 인터넷은 물리적 제약을 파괴했다. 이는 생존경쟁 방식이 약육강식의 논리에서 적자생존 방식으로 대체되었다는 걸 의미한다.

약육강식에서 적자생존으로
- 2000년 이후로 확인할 수 있는 사실

내가 강조한 문장에서 키워드는 물리적 제약, 약육강식, 적자생존 3가지다. 우선 물리적 제약이 파괴되었다는 점을 제대로 이해해야 한다. 5년 전까지만 하더라도 대부분 대형마트와 쇼핑몰에서 물건을 구매했었다. 주말이면 나들이 겸 마트를 찾는 사람들로 인해 대형마트와 쇼핑몰은 인산인해였다. 스타필드, 더현대 등은 규모의 경제가 보여주는 정점이다. 하지만 지금은 어떤가. 지역 거점의 대형마트 실적이 좋지 않아지면서 매장 철수도 빈번하다. 모두가 알다시피 원인은 쿠팡과 마켓컬리를 필두로 한 전자상거래 플랫폼 기업의 득세 때문이다.

오프라인 매장은 필연적으로 공간적 한계를 가질 수밖에 없다. 매출액을 높이기 위해서는 '파레토 법칙'을 운영의 근간으로 사용해야 한다. 잘 팔리는 20%의 품목이 전체 매출의 80%를 담당하는 구조다. 하지만 인터넷으로 인해 공간적 파괴가 일어났다. 물리적인 제약으로 주목받지 못하던 80%의 품목이 발생시키는 추가 수익이 엄청나졌다. 동네 서점과 아마존의 차이를 곰곰이 생각해 봐도 그렇다. 즉 판매에서도 약육강식의 논리가 적용되었던 과거와 달리, 이제부터는 적자생존의 논리가 적용될 가능성이 크다는 의미다.

과거의 상식에 붙잡히지 마라.
그 배는 조만간 가라앉는다.
- 의심하지 말아야 할 것 빼고 전부 의심하는 마인드

그렇다면 이제 막 시작하는 단계부터 어느 정도 안정궤도에 오른 단계까지도 놓치지 말고 취해야 할 전략이 바로 프리미엄 전략이다. 프리미엄(Premium)과 프리미엄(Freemium) 2가지 모두를 의미하지만, 이번에는 입구를 무료로 만들어 더 많은 사람이 모이게 하는 Freemium 전략을 설명할 것이다.

이 전략의 핵심은 당신이 가진 것 중 상당히 가치 있는 것을 무료로 공개해 팬을 모아야 한다는 것이다. 여러 가지 실험을 한 결과 평균적으로 두 달 정도의 기간, 200여 명의 팬을 확보하면 평균 5천만 원 정도는 충분히 벌 수 있다는 결론이 나왔다. 1년이면 약 3억 정도의 순이익이 가능한 구조다. 투입되는 자본은 없다. 광고비를 쓰지 않아도 된다.

이 말을 반대로 해석하면, 광고비까지 잘 집행한다면 더 큰 규모의 비즈니스로 확장할 수 있다는 뜻도 된다. 나는 약 4년 전부터 이런 사실을 주변 사람들과 나누고 공유했다. 그러던 어느 날, 고액 컨설팅을 진행했던 사장님한테서 반가운 소식이 들려왔다. 오픈 이틀 만에 6천만 원이라는 매출을 올렸다고 말이다. 물건을 취급하는 업종이 아니라서 매출액이 고스란히 순이익으로 환원되는 구조였다.

① 가치 있는 것을 무료로 공개할 수 있으면 된다.
② 투입되는 자본은 극도로 최소화한다.
③ 가치를 느끼는 팬들을 아무 대가 없이 모은다.
- 연간 순수익 3억을 벌 수 있는 구조의 원칙

굉장히 간단하고 명확한 원칙인데 왜 사람들은 못 하는지 생각해 봤다. 2가지 원인이 있을 것 같다. ① 본인이 아닌 타인의 기준에서 가치 있는 것을 제공하지 못한다. ② 돈이 될 타이밍을 뒤로 미뤄야 하는데 두 달이라는 시간도 견딜 인내력이 없다. 그래서 '다마고치' 실험을 진행해 봤다. 내가 직접 할 일들을 2명에게 다 전해 주고 수익화를 관찰했다. 사람마다 차이가 있는지를 보기 위해 나누어서 실험한 것이다. 결과는 바로 나왔다. 3주 만에 정확히 500만 원의 순수익이었다.

스마트 스토어처럼 물건을 취급하는 방식을 묻는 사람이 많은데, 사실 혼자 하는 일이라면 되도록 하지 말라고 말하고 싶다. 초기 투입 자본이 무조건 발생하기 때문이다. 그러면 마음의 부담이 생긴다. 부담이 생기면 판단 능력이 흐려지게 되고, 결과적으로 의사결정의 연속인 비즈니스에서 좋은 결과가 나오기 힘들다.

가치 있는 것을 무료로 제공해서 판을 키워야 한다. 입구를 무료로 만들어 더 많은 사람이 모이게 만든다는 것이 바로 Freemium 전략이다. 거기에 돈이 될 타이밍을 뒤로 미루면 미룰수록 그 가치는 더욱 올라가게 되어있다. 전통적인 매체였던 TV 프로그램도, 현재를 이끄는 유튜브 등의 SNS 채널도 같은 원리로 작동한다.

본인이 가진 것이 가치가 있는지 없는지 모를 수도 있다. 그렇다면 방법은 간단하다. 가치 있는 걸 찾으면 그만이다. 이때도 창업할 때와 마찬가지로 자신의 상품과 서비스가 새끼 고슴도치는 아닌지 따져봐야 한다. 결과가 명확히 나오지 않는다면 고슴도치일 가능성이 높다. 마지막으로 무료화는 돈이 되지 않는다고 생각하는 사람에게 한마디 하면서 마무리하겠다.

"무료 공개를 비판하는 사람에게 미래는 없다."

마음과
지갑이라는

자물쇠를
여는 비밀

> 시장을 차지하기 전에
> 소비자를 먼저 차지하라.
>
> 레오 버넷

프리미엄 전략에서 '가치'라는 단어에 좀 더 주목해 보자. 타인의 마음을 얻고, 지갑을 열게 하는 것은 다름 아닌 가치다. 진정성으로 경쟁할 수도 있겠지만, 가치 없는 진정성은 동정만 얻을 뿐이다. 우리는 모두 구매자 입장을 더 많이 경험해 왔다.

진정성이 느껴진다면 한 번쯤 구매해 줄 수는 있다. 안쓰럽고, 또 힘을 냈으면 좋겠다는 좋은 마음으로 '팔아줄 수는' 있다. 하지만 두 번, 세 번까지 이어지는 건 불가능하다. 지나치게 시장 논리적이고, 자본주의적인 마인드 아니냐고? 냉철하게 생각해 보면 인간은 가치입증의 정도에 따라 행동을 결정하는 존재다. 이를 부정하려고 애써봤자 자신의 사고와 판단을 동물과 다름없는 수준으로 만들려는 시도에 지나지 않는다.

아주 가벼운 예를 들어보자. 당신의 가장 소중한 친구는 왜 그렇게

'소중해'졌을까? 그것은 바로 당신 자신이 그 관계에서 오는 시간과 감정에 가치를 느꼈기 때문이다. 우리가 비싸거나 싸다고 말하는 기준도 같다. 누구에게는 비싸고, 다른 누구에게는 저렴할 수 있다. 상대적일 뿐 절대적이진 않다는 뜻이다. 개개인의 경제 상황에 따라 달라질 수 있지만, 일반적 수준에 결정되는 가치가 바로 가격이다. 그런데 그 대상이 우리에게 주는 효용의 크기를 넘어서면 비싸다고 인식하게 된다.

프리미엄(Premium) 전략도 여기에서 도출된다. 일반 영화관의 가격은 1인당 1만 원대 중반에 형성되어 있다. 하지만 프리미엄 영화관의 경우 1인당 가격이 8만 원대까지도 올라간다. 번잡한 것이 싫어 적은 관람객 속에서 편안하고 조용하게 영화를 감상하고 싶은 사람은 8만 원의 가치가 있다고 느낄 것이다.

특별한 날에는 좋은 곳에 가야 한다는 인식도 이런 맥락이다. 그만한 가치가 있으니 그 금액을 지불하는 것이다. 나도 중요한 영화나 방해받고 싶지 않을 때는 프리미엄 영화관에 망설임 없이 돈을 쓴다. 2인 기준 20만 원 가까이 든다. 그래도 그럴만한 가치는 충분하다.

세상에 존재하는 수많은 고가 상품을 두고 누군가는 불필요하다고 생각할 수 있다. 하지만 돈을 지불하는 사람이 가치 있다고 느끼면 그만이다. 그러니 가치라는 것을 깊게 고민해 봐야 한다. 단순히 돈 문제가 아니다. 줄을 서서 기다려 먹는 맛집이나, 줄을 서서 물건을 구매하는 것도 마찬가지다. 솔직히 나는 이해할 수 없다. 한 끼를 해결하기 위해 적게는 30분, 길게는 1시간 넘게 기다리는 이유를 말이다. 그러나

누군가에게는 가치 있는 행위일 것이다.

정리하자면 가치라는 것은 옳고 그름, 맞고 틀리고의 문제가 아니라 행위자의 주관적인 의사결정일 뿐이다. 여기서 중요한 문제 한 가지가 남는다. 다름 아닌 '가치입증'의 문제다.

결국 상대방의 마음을 얻고, 지갑을 열게 만드는 것은 가치입증만 하면 된다. - 중요하게 여기는 부분

이성 간의 연애와 결혼도 마찬가지라고 생각한다. 연애 초창기 남성 대부분이 여성에게 하는 모든 행동은 가치입증을 위한 몸부림이다. 자신이 얼마나 잘해줄 수 있는지, 연애 상대로서 얼마나 가치 있는 사람인지를 직간접적으로 어필하는 중인 것이다. 결혼 역시 이런 가치입증의 단계가 더 높은 것 외에는 별 차이가 없다. 여성들은 흔히 이렇게 말한다. "저를 아끼고 사랑해 줄 수 있는 사람이 좋아요."

이 말을 그대로 판매자와 구매자에 대입해 보자. 구매자는 기본적으로 '구매하고도 손해 보지 않고 잘 샀다는 소리를 들을 만한 물건을 구매하고 싶다'라는 마음이다. 그러니 연애를 잘하는 것과 물건을 잘 파는 건 큰 틀에서 보면 다르지 않다.

인간이 하는 모든 행위는 가치입증과 연결되는데, 이때 주의할 것이 있다. 가치입증을 위해 타인 혹은 경쟁자와 비교하지 말아야 한다는 사실이다. 세상 만물은 존재 그 자체로서 입증할 수 있는 가치가 있다. 그것을 발견했느냐 발견하지 못했느냐의 차이일 뿐이다.

가치입증에 대한 방법론은 너무나도 많다. 중요한 건 자신이 어떤 가치를 가졌는지, 그리고 얼마나 경쟁력을 갖췄는지를 정확하게 아는 것에서 출발해야 한다는 점이다. 이것이 명확해진 뒤에야 비로소 방법론이 의미 있게 쓰일 것이다.

부자가 되기 위해 노력하는 1,000여 명의 사람을 만나면서 느낀 것도 바로 이 지점이다. 대다수는 가치를 발견하고 입증하는 연습이 충분하지 않다. 이런 생각을 실생활에 적용하고 습관화하지 않아서 그렇다. 자신이 가진 가치를 입증하는 것이야말로, 사람의 마음과 지갑을 열어 구매로 이어지게 만들기 위해 꼭 필요한 능력이다.

누구나 뭔가를 팔면서 살아가는 시대다. 가치 있는 것을 무료로 공개할 수 있어야 한다고 말했었다. 이때 헷갈리면 안 된다! 중요한 단어는 '무료로 공개'가 아니라 '가치 있는 것'이다. 무료 공개나 이벤트를 진행했는데 결과가 잘 나오지 않았다면, 공개한 것의 '가치'에 대해 더 고민해야 한다.

사는 물건과 사지 않는 물건의 차이는 무엇일까? 사람마다 대답은 정말 다양할 것이다. 내가 생각한 답보다 예외적인 경우를 설명하는 게 도움이 될 것 같다. 일반적으로는 필요성, 희소성, 긴급성 3가지 원리에 의해 사는 물건과 사지 않는 물건을 구분할 수 있지만, 예외가 존재한다. 바로 추억이다. 사람들은 추억에 돈을 낸다. 대표적으로는 기념품이 있다. 평소라면 그 상품에 돈을 내지 않겠지만, 즐겁고 행복한 순간을 떠올리게 한다면 기꺼이 돈을 쓴다. 눈에 보이는 것을 파는 연습보다 눈에 보이지 않는 것을 파는 연습을 하는 것이 '가치입증'이라는 능력을 키우는 데 도움이 된다.

입소문을
잘 내는
단 하나의 본질,

스노볼링

인간의 사고는 정보 단위가 아닌
이야기 형태로 이루어지기 때문에
사람들이 이야기 자체에 집중해 대화를 나누는 동안
정보는 그 안에 숨겨져 함께 전달된다.

조나 버거

20대 시절, 마케팅도 잘하고 싶고, 성공적인 결과도 내고 싶어서 우왕좌왕이었다. 직접 움직여서 홍보하는 방식에는 분명한 한계가 있었다. 하루는 24시간이고, 개인이 움직여서 도달할 수 있는 범위 역시 한계가 명확하다. 어떻게 하면 더 효과적으로 홍보할 수 있을지 고민 끝에 찾은 결론은 이거였다.

시간 굴리기를 잘해야 한다.
- 입소문을 잘 내는 원리

하루 24시간을 어떻게든 늘려야 더 효과적인 홍보가 가능하다. 안타깝게도 물리적으로는 불가능하지만, 방법은 있다. 다른 사람의 시간을 가져오면 된다. 스노볼링(snow balling) 효과를 빌려 '시간 굴리기'라고 표현하자. 눈덩이를 산 정상에서 굴리는 개념은 앞에서 설명했다. 비탈길에 놓기만 하면, 시간이 흘러감에 따라 눈덩이는 자연스럽게 커질 수밖에 없다. 이때 중요한 건 '비탈길'에 놓는다는 것이다. 이것이 시간을 내 편으로 만드는 방법이다.

하루가 24시간이라는 고정관념에서 벗어나면 된다. 나를 대신해서 누군가가 나의 상품과 서비스를 '이야기'하고 있다면 24시간이라는 프레임을 벗어날 수 있다. 사람들은 물건을 구매할 때 구매 후기를 많이 참고한다. 마케터들은 후기가 결국 신용을 쌓는 방법이라는 것을 잘 알고 있다. 사회적 증거로서의 후기는 구매 여부를 고민하는 사람에게 신용을 주게 된다. 구매할 확률 역시 그만큼 높아지게 된다. 자연스러운 후기, 자랑, 권유 등 인간관계를 이용해 신용을 얻는 방법도 있다.

만약 당신이 A라는 미용제품을 사용하고 피부가 좋아졌다고 가정해보자. 주변에서 "요즘 왜 이렇게 얼굴이 훤해요?"라고 물을 것이다. 아무런 사심 없이 당신은 "A 제품을 써서 그런가 봐요"라고 답할 것이다. 상대방은 A 미용제품에 관심을 보이며, 가격이나 제품 특징 같은 것들을 자세히 물어본다. 당신은 자연스럽게 경험한 대로 답할 것이다.

이 상황에서 A에 관해 이야기한 내용이 5분 정도 분량이라고 해보자. 12명이 모이면 1시간이 되고, 300명 가까운 사람이 이런 상황이라면 24시간이 추가로 생긴다. A 미용제품을 만든 회사는 광고비를 하나도 지출하지 않고도, 하루 24시간이라는 시간적 제약을 넘어 광고한 셈이다. 인터넷 후기 조작 문제로 논란이 생긴 적이 있다. 그런 문제가 없더라도 신용도로 본다면, 아무래도 지인이 이야기하는 것과는 비교 자체가 불가능하다. 그래서 다른 사람의 입방아에 오르내리는 입소문이 '시간 굴리기' 방법이 되는 것이다. 일단 이런 말을 하고 싶다.

혼자 광고하지 말고
타인이 '광고하게 하는' 것이 중요하다.
신용 없는 광고는 그 효과를 기대할 수 없다.

뉴스는 많은 사람에게 정치인들에 대한 부정적 인식을 갖게 만든다. 나 역시 그렇게 생각했었다. '고학력에 사회적 지위도 있고, 경험도 많은 정치인들이 왜 저렇게 실없는 소리와 행동을 할까?' 시간 굴리기를 깨닫고 나니 그 이유가 명확하게 보였다. 다른 사람의 입에 자신의 이름이 한 번 더 오르내리고, 한 번 더 언론의 주목을 받는 것이 정치인으로서 인지도를 높이는 방법이기 때문이다. 사람들은 이를 '노이즈 마케팅'이라고 부른다.

대선후보로 매번 출마하는 허경영 씨도 그런 맥락이다. 대부분은 부정적이거나 희화화한다고 할지라도, 전국에서 최소 1,000명의 추종자는 생길 수 있다. 스몰 비즈니스에서 팬 1,000명이면 평생 돈 걱정은 하지 않고 살아도 될 정도의 파급력을 가지고 있다. 홍보 능력은 신용 능력과 같다. 어떻게 해야 다른 사람이 나를 위해 시간을 사용하게 만들지 고민해야 한다.

이런 시간 굴리기를 잘하면 잘할수록, 당신의 잔액이 늘어날 것이라 장담한다. 물론 노이즈 마케팅처럼 문제를 일으키거나 논란을 조장하는 행위를 권하는 것은 아니니 오해하지 말자. 돈은 결국 신용이다. 신용의 힘이 홍보 능력으로 이어지고, 이런 홍보에 따라 자연스럽게 돈이 따라오는 구조가 만들어지게 된다.

신용이 담보되지 않는 광고라면 광고효과는 기대할 수 없다. - 광고비 지출에 대한 나의 확고한 철학

사용자의 자발적인 후기 1건으로, 1년 전체 매출액이 발생했던 적이 있다. 구매 요청은 빗발쳤고, 평소에 들어오던 온갖 문의는 온데간데없이 그저 지금 결제가 가능한지만 물어왔다. 이런 고객들의 태도를 보면서 다시 한번 확신할 수 있었다. 당신이란 존재, 혹은 당신이 생산한 제품과 서비스를 어디에 두면 가성비를 높일 수 있는지 고민해 보자. 마치 어느 곳에 놓아야 눈덩이가 중간에 걸리지 않고 잘 굴러갈 수 있는지를 고민하는 것과 같다.

단순히 돈을 써서 광고하는 방식은 밑 빠진 독에 물 붓기가 될 가능성이 높다. 똑같이 광고비를 써도 어떤 사람은 효과를 보고, 어떤 사람은 효과를 보지 못하는 것도 마찬가지다. 세일즈의 힘을 기르기 위해서는 이 개념을 명확하게 이해해야 한다. 현대 비즈니스는 누가 시간을 잘 뺏고 굴리는가의 싸움이다. 타인의 시간을 가장 많이 빼앗는 사람이 시간을 자신의 편으로 만들게 되고, 결국에는 세일즈가 제대로 존재할 수 있게 된다. 자신의 시간과 비용을 사용한 광고가 아니라, 타인의 시간과 비용을 사용한 광고 전략을 고민해야 한다. 시간 뺏기와 시간 굴리기 능력은, 단순히 세일즈를 넘어 인생을 살아가는 핵심 능력임을 명심하길 바란다.

Chapter
7

노력의 힘, 똑똑하게 노력하는 방법

실행력을
200%
끌어올리는

나만 알고 싶은
비밀

목표는 충분히 높아서
그것이 나를 설레게 하기도 하고
동시에 두렵게 하기도 해야 한다.

밥 프록터

Chapter 7의 주제는 '노력의 힘'이다. 항상 열심히 하겠다고 말하는 사람을 본 적이 있을 것이다. 나는 기회가 될 때마다 이런 말을 한다.

'열심히' 하는 것보다 '잘하는' 게 중요해요.
열심히 안 해도 되니까 잘할 수 있게
고민하길 바랍니다.
- 강의나 컨설팅에서 자주 하는 말

누구나 실행력을 끌어올리고, 제대로 된 노력을 하고 싶을 것이다. 노력을 다짐이나 각오 같은 마음가짐의 문제로 치부하는 경우가 많다. 나 역시 학창 시절 노력이라는 걸 생각했었고, 성인이 된 후 돈을 벌면서도 이따금 생각한다. 그런데 실행력을 높이는 데 이 용기 혹은 각오라는 마음가짐이 과연 효과 있는 것일까?

나는 동의할 수 없다. 행동에 필요한 것은 용기나 각오가 아니다. 실행력을 200% 끌어올리는 힘은 마음가짐이 아니라 '앎'에서 나온다. 몇 가지 간단한 예만 봐도 확인할 수 있다. 만약 당신이 구구단 문제 100문제를 풀어야 하는 상황이라고 가정해 보자. 과연 실행하기가 힘들까? 실행하는 게 힘들지 않다고 느끼는 사람들이 99.9%일 거다. 사실 100%라고 말하고 싶지만, 세상에 100%는 없다는 평소 생각에 따라 99.9%라고만 해두겠다. 실행이 어렵지 않은 이유는 당신이 이미 구구단을 모두 알고 있기 때문이다.

또 다른 예를 보자. 나에게 550만 원이라는 금액을 내고 컨설팅받으러 오는 사람들이 있다. 그들에게 약속한 기간은 8주였다. 35주 가까이 나는 각자가 원하는 비즈니스 방향에 맞춰 다양한 노하우와 정보들을 제공했다. 그런데도 내세울 만한 금전적인 결과물을 만든 회원은 없었다. 자괴감이 들 정도였다. 100일 만에 6천만 원을 벌었던 시스템과 노하우를 모두 알려줬는데도 왜 안 되는 건지 의문이 들었다.

기회가 닿아 그 회원 중 2명과 '다마고치'라는 프로그램을 진행하게 되었다. 직접 모든 과정을 과외선생님처럼 챙겼다. 그랬더니 지난 1년 내내 금전적 성과를 내지 못하던 것이, 단 3주 만에 수익 500만 원이라는 결과로 나타났다. 그때 깨달았다. 왜 제대로 실행하지 않거나 못하는 것인지를 말이다. 실행력은 의지, 용기, 각오 같은 마음가짐이 아니라 앎에 대한 확신의 문제였다.

실행력을 200% 끌어올리기 위한 정보의 중요성을 말하는 게 아니다. 이 글을 읽고 당신이 역시나 '지식'이나 '정보'가 있어야 실행력이 높아진다고 생각할까 봐 걱정스럽다. 지식과 정보가 넘치는 세상이다. 돈을 버는 방법과 관련해서도 마찬가지다. 그런데도 누구는 돈을 벌고, 누구는 돈을 벌지 못한다. 이유는 간단하다. 다시 말하지만 '앎에 대한 확신'의 문제다.

두려움과 망설임은 무지에 의해 발생한다. - 결국 하고 싶은 말

내 삶의 발자취를 아는 사람들은 나에 대한 신뢰도가 높다. 그래서 약속을 잡거나 부탁했을 때 거절하는 경우가 거의 없다. 반대로 나를 잘 모르는 사람들은 내가 조언하거나 제안하는 것에 대해 망설이거나 의심한다. 당연하다. 나를 모르기 때문이다. 사람은 이성적으로 생각한다고 '착각'한다. 하지만 지금까지 뇌과학, 심리, 의사결정과 관련한 이론과 지식을 보고 내린 결론은 이렇다. 인간은 감정으로 결정하고, 이성으로 합리화한다는 점이다.

단순히 '앎'이 아니라 '앎에 대한 확신'이 실행력을 좌우하는 것도 이런 이유에서다. 당신이 원하는 것을 얻을 방법은 이미 세상에 다 나와 있다. 하지만 실행하지 않는다. 감정이 움직이지 않아서 그렇다. 정확히 말하면 그 방법에 대한 확신이 없기 때문이다.

계획 중인 비즈니스를 위해 강의를 듣는 사람들에게, 가끔 농담 반 진담 반으로 이런 말을 한다. 만약 그 강의가 대한민국 최고 부자가 하는 말이라면 어떻게 하겠냐고. 당연히 죽기 살기로 실행할 것이다. 그래서 이런 생각이 들었다.

메시지가 중요한 게 아니라 메신저가 중요하다.
- 말에 실리는 무게감

앞에서 돈은 신용을 수치화한 것이라고 말했었다. 마찬가지로 똑같은 메시지도 누가 말하는가에 따라 그 무게가 달라진다. 아무리 말 안 듣는 사춘기 청소년이라도 그들이 좋아하는 연예인이 말하면 고분고분할 것이다. 가족끼리는 뭔가를 가르치는 게 아니라는 말도 있다. 이유는 간단하다. 부모가 아무리 전문가라도, 자식을 바꿀 수 있는 실행력까지 담보하지는 못하기 때문이다. 단순히 지식과 정보의 문제가 아니라 신뢰의 문제라서 그렇다.

이런 신뢰는 인간관계가 적정선에 있을 때 극대화된다. 너무 가까우면 익숙한 나머지 믿기는 해도 실행력까지 담보하지는 못한다. 반대로 너무 멀면 낯설고 의심이 들기 마련이다. 과외를 하더라도 가장 성적이 가파르게 오르는 시점은 과외 3개월에서 6개월 차다. 신뢰 관계의 적정선이 형성되는 시점이기 때문이다.

그래서 문득 평생 멘토는 존재할 수 없겠다는 생각도 들었다. 청출어람이라는 표현도 단순히 스승보다 제자가 뛰어남을 의미하는 게 아니라, 일정 시기가 되면 자기 확신에 따라 나아가야 함을 의미하지 않을까. 너무 익숙해져도 실행력이 올라가지 않는다. 그래서 대부분의 자기계발서에서 실행력을 높이기 위해 만나는 사람을 바꾸고, 장소를 바꿔서 상황을 달리하라고 조언하는 것일지도 모른다.

하지만 그건 나중 문제고, 일단 당신은 실행력을 200%로 끌어올리고 싶을 것이다. 두려움은 무지에 의해 발생한다. 그러니 일단 지식과 정보를 얻자. 당신이 의심의 여지 없이 받아들일 수 있는 사람에게서 얻는 지식과 정보 말이다. 유튜브나 책에서 얻어도 상관없다. 의심의 여지 없이 받아들일 수만 있다면 누구든 무엇이든 괜찮다. 단, 되도록 빠른 기간 안에 성과나 아주 작은 변화라도 만들어라. 그래야 신뢰가 쌓이고, 이에 따라 당신은 더더욱 실행력에 박차를 가할 수 있게 될 것이다.

나는 이제 이런 성향을 알고 있다. 그래서 뭔가를 하더라도 지식과 정보를 얻는 데 그리 심각한 노력을 쏟아붓지 않는다. 사실 90%는 다 거기서 거기다. 잘 모르는 분야일수록 상위 10%의 진짜 지식과 정보를 분별할 능력이 있을 리 없다. 그러니 일단 믿고 최대한 빠르게 결과물이 나올 수 있는 상황을 만드는 데 집중하자. 잘 참고해서 당신의 실행력을 200% 끌어올리는 데 도움이 되었으면 한다.

이런 노력은
쓰레기가 될

가능성이
높다

**자신의 능력을 믿어야 한다.
그리고 끝까지 굳세게 밀고 나가라.**

로잘린 카터

당신은 자존심이 강한 편인가? 일단 결론부터 이야기하자면 내가 경험한 부자 100여 명은 대부분 자존심이 강했다. 정확히 표현하자면 자기가 일하고 있는 영역에 대한 '자부심'이 강했다. 이것은 자신이 왜 이 일을 하고 있는가에 대한 명확한 기준이 설정되어 있음을 뜻한다. 하지만 부자가 되기 위해 노력하는 1,000여 명은 자존심이 떨어지거나, 자존심은 있지만 일에 대한 자부심이 떨어지는 경우가 많았다.

이런 특성은 떠벌리거나 자랑하지 않아도 대화나 행동을 통해 자연스럽게 느껴진다. 당연하지 않냐고 그냥 넘어가지 말고, 깊이 고민해볼 문제다. 자존심이 이번 장의 주제인 노력과 어떤 상관이 있을까. 어느 부자와 이야기를 나누면서 자존심에 대해 공감했던 내용을 전해 볼까 한다. 자존심에는 2가지 종류가 있다. 발전적인 자존심과 방어적인 자존심이다.

발전적인 자존심 vs 방어적인 자존심
- 당신의 자존심은 어느 쪽일까?

　노력은 누구나 한다. 그리고 이런 노력을 세상이 100% 알아주진 않는다는 사실을 경험한다. 중요한 것은 여기부터다. 기억을 더듬어보면 나는 유년 시절부터 이런 특성이 있었던 것 같다. 나만 그런가 싶어서 어떤 영역에서 특출함을 보이는 사람들에게 직접 묻기도 하고, 가만히 관찰하기도 했다. 그런데 역시나 같았다.

타인이 나의 노력의 결과물에 대해
무관심하거나 혹은 지적하면 어떻게 반응하는가?
- 내가 생각하는 노력의 속성

　누군가가 나의 노력으로 만든 결과물을 지적한다고 해보자. 이런 식으로 반응하는 경우가 일반적이다.

'나 정도면 굉장히 잘하는 편인데, 잘 알지도 못하면서….'
'뭐야, 자존심 상해. 기껏 해줬더니!'
'이런 식으로 나오면 어차피 인정도 못 받을 거 그만둘래.'
'대충하지 뭐. 최선을 다해서 뭐 해.'
'내 노력의 가치를 인정해 주지 않네?'

이런 푸념을 많이 들어봤을 것이다. 이것은 방어적인 자존심의 전형적인 반응이다. 동의해 줄 사람을 찾거나 나의 가치를 인정해 줄 곳을 찾기에 급급하다. 자신의 자존심에 흠집이 났고, 더 상처받을 만한 일을 회피하고 싶어 하는 행동이다. 그래서 이런 부류의 사람들은 삶에서 승부수를 띄우지 않는다. 자신의 노력에 대해 지적한 사람에게 가치입증을 시도했다가 또 망신당하기는 싫기 때문이다. 그러면서 합리화 프로세스를 작동시킨다.

기억하자. 애초에 세상은 나의 노력을 100% 온전히 인정하고, 알아주지 않는다. 세상의 모든 존재는 자기와 관련 없는 것에 많은 관심을 쏟기 힘들다. 이 말은 누군가 내 노력을 100% 인정하고 알아준다면 경계해야 한다는 뜻이기도 하다. 당신에게 위선을 떨고 있거나 이익을 취하려는 사기꾼일 가능성이 높기 때문이다. 낳아주신 부모님도 나의 노력에 대해 100% 알지는 못한다. 심지어 그걸 타인에게서 구할 수 있다는 착각은 노력에 대한 마인드 세팅이 잘못되어 있는 것이다.

나무나 전신주에서 가끔 까치집을 본 적이 있을 것이다. 혹시 그 까치집을 짓는 과정을 한 번이라도 유심히 관찰한 적이 있을까? 까치집 아래 땅바닥에 어떤 일이 벌어지는지는? 언젠가 까치집 짓는 과정을 찬찬히 관찰한 적이 있다. 까치집 바로 아래에는 나뭇가지들과 지푸라기들이 어지럽게 널려 있었다. 사람들은 까치집이라는 결과만 볼 뿐, 수북하게 떨어진 나뭇가지와 지푸라기 같은 실패 과정은 알 수 없다. 세상 모든 일이 그렇다. 이들과 달리 누군가의 지적에 대해서 다르게 반응하는 사람들도 있다.

그래? 어디 한 번 두고 보자. 내가 한번 보여주겠어.
자존심을 건드네? 어디 누가 이기나 한번 해보자.
가치를 인정받을 때까지 포기할 마음이 없어.
내 노력과 가치에 이런 식으로 반응하다니.
본때를 보여주지.
내가 언젠가는 인정받는다. 기다려.

이런 반응을 보이는 사람들은 결과를 만들어 내고야 만다. 이것이 내가 말하는 발전적인 자존심이다. 지적받거나 무관심하면 오히려 각성하는 자존심이다. 단시간에 증명할 수 없다면, 시간이 더 필요하다고 생각하고 장기적 관점으로 접근하면 그만이다. 노력이라는 것도 역시나 시간을 내 편으로 만드는 게 중요하다. 지금의 나는 이런 마인드로 일한다.

부끄럽지만 소싯적에는 불만이 들어오거나 항의받을 때마다 고객과 싸우는 일도 허다했다. 방어적인 자존심이었을 것이다. 가만 생각해 보니 내가 잘하고 능력을 인정받는 분야에서는 발전적인 자존심이 작동했었다. 하지만 실력이 부족하거나, 연차가 덜 찼다거나, 스스로 뭔가를 채워야 함을 무의식적으로 알고 있을 때는 방어적인 자존심이 작동했다. 이런 내 경험을 어느 부자와의 대화에서 털어놓으니 엄청나게 공감했다. 그 사람만 그런 게 아니라 주변에 능력 있고 돈 잘 버는 사람들은 모두 이런 특성을 보였다.

똑같이 노력해도 방어적인 자존심을 가지고 노력하면 그 노력은 쓰레기가 될 가능성이 커진다. 건강, 가족, 환경의 열악함 등 중간에 포기할 때의 방어적인 자존심을 가진 사람이 대는 핑계도 비슷하다. 그나마 자존심 상해서 그만두겠다고 하면 용기라도 있는 편이다. 그 후엔 그런 감정을 이해해 줄 사람을 찾아 안도한다. 이런 태도라면 그 사람에게 뭐가 남을까?

발전적인 자존심은 시간이 노력의 편에 서게 될 것이다. 일론 머스크가 화성에 가기 위해 로켓을 쏘겠다고 했을 때 다들 미치광이라고 했었다. 유명한 기업가들은 모두 이런 일화를 가지고 있다. 유명하지 않더라도, 각 분야에서 능력을 인정받고 성공한 사람들은 노력에 관해 비슷한 특성을 보인다. 당신의 노력이 쓰레기가 되거나, 힐링이라는 이름으로 장례 치르지 않길 진심으로 응원한다.

절대량과
상대값의

시소게임

99번 시도하고 실패했으나
100번째에 성공이 찾아왔다.

알베르트 아인슈타인

누구나 효율적으로 노력하고 싶어 한다. 그래서 방법을 찾으려고 애쓴다. 방법을 찾는다는 것 자체를 비판하고 싶은 생각은 없다. 하지만 대부분 그 정도가 너무 지나치거나 인내심이 짧다는 걸 지적하고 싶다. 아웃풋을 극대화하려면 시소게임을 잘해야 한다. 절대량과 상대값이라는 두 값을 두고서 말이다.

절대량 vs 상대값
- 노력의 시소게임

효율성은 인간이 과거로부터 만들어 온 훌륭한 유산이다. 더 나은 결과물을 위해 인간은 도구를 개발하고, 문자를 만들었으며, 기술력을 발전시켰다. 그 결과 과거에는 상상하기 힘들던 기적 같은 일들이 우리 일상에서 벌어지고 있다. 조선시대 한양에서는 지방에 소식을 전하려면 직접 가거나 봉수대를 이용했다. 하지만 봉수대라는 수단을 이용해도, 상세하게 알릴 수 없다는 한계가 있었다. 자세한 내용을 전하려면 직접 사람이 가는 게 가장 확실했을 것이다.

이런 상황에서 갑자기 전화기가 발명될 수 있을까? 불가능하다. 인류 역사가 증명한 사실을 자꾸 개인적 차원에서 부정해 봤자 삶만 피곤해진다. 역사를 배우는 이유는 여기에서도 찾을 수 있다. 인간이 내린 의사결정 과정, 이로 인한 결과물의 영향력을 보면서 개인적 차원에서부터 현 사회적 차원의 문제들을 되짚어 보는 것이다. 효율성은 단번에 찾을 수 없다. 아무리 좋은 환경, 좋은 멘토가 있더라도 시간이 걸린다는 뜻이다. 에디슨이 타임머신을 타고 조선시대에 간다고 해서, 바로 전화기를 발명할 수 있는 건 아닐 것이다. 그런데도 우리는 이런 착각을 자주 한다.

자연 만물은 '숙성'의 시간을 거친다.
그러니 단번에 뭔가 될 것이라는 생각은 버리자.

이렇게 이야기하면 누군가는 효율적으로 노력해서 만든 결과물이라고 반박할 수도 있다. 하지만 그것 역시 착각에 불과하다. 책 서두에서 지적했던 인과론적 오류다. 가족 중 누군가나 가까운 지인이 군대에 가면 전역까지 꽤 오래 걸린다. 반면 연예인이나 관계성이 떨어지는 사람이 전역했다고 하면 이런 반응이 나온다. "뭐야, 벌써 전역이야?" 애초에 관심이 없으니 그 과정에 대한 시간 인지 역시 둔감해진 것이다. 마찬가지다. 누군가의 결과물을 쉽게 얻었다고 단순하게 재단하면 안 된다.

똑똑하게 노력하고 싶다면 명심하자. 무조건 절대량을 먼저 채워야 한다. 블로그 상위노출도 마찬가지였다. 다마고치 실험에서도 초반 15일 동안은 아무 반응이 없었다. 그러다가 그 이후부터는 방문자가 지속적으로 상승했다. 절대량을 채운 것이다.

개인적으로 건강 재활을 마치고 다시 운동을 시작하면서 깨달은 것이 많다. 내가 운동을 포기하지 않는 이상, 몸매는 무조건 좋아질 것이라는 믿음도 생겼다. 좋다는 기준은 사람마다 다르겠지만, 누가 봐도 건강관리가 잘된 남성 같은 몸 말이다. 이런 확신이 든 이유는 절대량과 상대값의 시소게임을 이해했기 때문이다. 운동을 다시 시작한 지 2달 정도 되었을 때다. 운동 수행능력도 좋고, 뭔가 몸이 단단해지는 느낌을 받았다. 꾸준히 하면 남들이 부러워할 만한 몸을 가질 수 있겠다는 확신이 들었다. 이런 확신은 2달이라는 기간 동안 밑 빠진 독에 물 붓기 심정으로 절대량을 채웠기에 가능한 것이다.

운동뿐만 아니라 공부할 때도 느꼈고, 20대 시절 마음에 드는 이성을 꼬셔보겠다고 숱한 경험을 하면서도 느꼈다. 확신은 처음부터 생기는 것이 아니라 노력의 절대량이 채워져야 가능한 법이다. 시험에서 무조건 좋은 결과가 나올 수밖에 없고, 마음에 드는 이성과 연애를 할 수밖에 없을 것이라는 확신 말이다.

　그 임계점을 넘어야 상대값을 얻을 자격이 생긴다. 조금만 개선해도 더 좋은 결과를 얻을 수 있는 지점 말이다. 그래서 고수들의 대화는 그리 길지 않다. 원포인트 레슨처럼 잡아주면 알아서 빠르게 개선된다. 그러다가 어느 순간에 이르면 다시 양적인 절대량을 쏟아부어야 할 시기가 찾아온다. 이렇게 반복되는 게 삶인 것 같다. 내가 만나본 부자 100여 명도 온전히 동의한 사실이다. 그들이 걱정하고 답답해하는 부분이 바로 효율성이었다. 유년 시절 어머니가 자주 하던 말이 있다.

"걷기도 전에 뛰려고 하니 뭐가 되겠니?"

　그래서 나는 내 현재 위치와 상황에 대해 주기적으로 확인하는 습관이 생겼다. 그래야 지금이 절대량을 쏟아부어야 할 시점인지, 상대값만 효율적으로 가져가도 될 시점인지를 알 수 있으니까 말이다. 수많은 과학적 실험으로도 증명된 사실이다.

　'낭비의 역설'도 이런 맥락이다. 프랭크 길브레스는 과학적 관리법에 흥미를 갖고 있었다. 이를 벽돌쌓기에 적용해 보기로 했고, 철저하게 효율성을 추구하면서 모든 공사장 인부의 동선과 행동을 관리했다. 심지어 휴식시간까지도. 하지만 결국 비효율적으로 낭비되는 시간이 효율성을 높이는 마중물이라는 결론을 얻게 되었다. 그러니 지나치게 효율성을 추구하기보다는 일단 시도해서 절대량을 채우는 게 바람

직한 노력이다. 어디서 주워들었는지, 아니면 혼자 정리한 생각인지는 모르겠지만, 20대 초중반에 정리한 한 문장으로 마무리한다.

"질적 향상은 양적 증가가 담보되어야 한다."

노력하면서
꼭 옆에

두어야 할
사람

있다고 다 보여주지 말고,
안다고 말하지 말고,
가졌다고 다 빌려주지 말고,
들었다고 다 믿지 마라.

셰익스피어 《리어왕》 中

노력은 근본적으로 고독하다. 고독도 연습이 되면 익숙해지고 괜찮아지는 법이지만 내성이 생기기까지는 상당한 시간이 걸린다. 그걸 누군가는 내공이라고 표현하고, 누군가는 실력이라고 말하는 것 같다. 결론부터 말하면, 당신의 문제에 귀를 기울이고 해결책을 함께 고민하는 사람을 꼭 곁에 두어야 한다.

물론 누군가에게 해결책을 구하려는 행동은 바람직하지 않다. 해결은 자기 자신이 하는 것이다. 제아무리 훌륭한 코치와 멘토가 방법을 알려주더라도 소화는 자기가 직접 해야 한다. 훌륭한 코치와 멘토는 '답을 내리고 규정하는' 사람이 아니라, '함께 고민하고 문제에 귀를 기울이는' 사람이다.

몇 년 전부터 나에게 연간 몇백만 원을 내면서 이야기를 나누는 분이 있다. 그분은 나보다 연배가 훨씬 더 높다. 사회적인 경험으로도 이룬 성과로도 내가 선생님 소리를 듣기는 쉽지 않다. 그런데도 매년 연말이 되면 몇백만 원을 보내주시면서 올해도 고마웠고 내년에도 잘 부탁한다고 한다. 이미 큰 규모의 회사를 운영 중이고, 많은 재산이 있고, 다양한 인간관계를 쌓아 가는 분이다. 딱히 내가 필요할 것 같지 않은데, 왜 적지 않은 금액을 주면서까지 나를 만나는지 물어본 적이 있었다. 돌아오는 답은 이랬다.

"내가 가진 문제를 혼자서 보면 좁게 볼 수밖에 없는데
아무런 이해 관계없는 사람과 함께 보면
더 멀리 보고 정확하게 볼 수 있어서 그렇습니다.
무엇보다 보는 관점이 기발하고 정도를 걷는 듯합니다."

예전에 오랜 지인들 단톡방에 질문을 던진 적이 있다. 그들이 보기에 나는 어떤 사람이냐고 말이다. 그러자 한 명이 이렇게 말했다. "ㅇ나 똑똑한데, 또라이지." 단톡방의 다른 지인들도 격하게 공감했다. 사실 이 대답을 듣고 내가 어떤 사람인가에 대해 많은 생각을 하게 되었다. 똑똑하다는 것의 정의는 무엇인가부터 또라이라는 것은 어떤 의미로 해석될 수 있는가까지 말이다. 부연 설명을 요구할 수도 있었지만, 저런 싱싱한 재료를 요리하는 걸 남에게 맡기고 싶지 않았다.

나는 또라이가 맞는 것 같다. 정신 나간 사람이라기보다는, 일반적인 범주와 규범에 따라 사고를 가둬놓는 걸 그다지 좋아하지 않기 때문이다. 그리고 또라이가 세상을 조금이라도 더 발전시킨다는 '개똥철학'을 갖고 있기 때문이기도 하다. 그래서 나와의 관계성이 가까울수록 또라이라는 표현을 욕이 아닌 극찬으로 받아들인다.

나를 선생님이라고 부르는 그분이 부럽다고 느끼는 사람이 있을지도 모르겠다. 단순히 경제적, 사회적으로 이룬 성과가 커서가 아니다. 자신의 고민과 생각을 허심탄회하게 나눌 수 있는 사람이 있다는 것, 심지어 자기보다 더 젊은데도 대화가 통하는 사람이 있다는 점에서 말이다. 나도 나이가 좀 더 들고 그런 사람을 찾으면 돈을 아끼지 않을 것 같다. 다행히 내겐 때마다 내 문제에 귀를 기울이고 해결을 위해 함께 고민해 주는 사람들이 있다. 그래서 그 가치를 누구보다 잘 알고 있기도 하다. 당신에게도 그런 존재가 있기를 진심으로 바란다.

우연히 신문을 보다가 마인드 마이너로 알려진 송길영 님의 글을 만났다. 개인적으로 존경하기도 하지만, 너무 공감되어서 공유한다. 지면의 한계로 중간중간 중략해서 옮기니 원문을 찾아보길 권한다.

"일상의 문제들은 작은 것부터 생의 방향을 결정하는 것에 이르기까지 쉼 없이 다가옵니다.

몇 군데 강연에서 비슷한 패턴이 반복되는 것을 보며 우리 삶이 얼마나 고단한지, 그리고 그 어려움을 헤쳐 나가기 위해 각자가 얼마나 외롭게 노력하고 있는지 알게 되었습니다. 사실 질문에 대해 제가 정답을 드릴 수는 없습니다. 그렇지만 남들 역시 비슷한 고민을 하고 있음을 수많은 데이터를 통해 알게 되었기에 다른 이들의 고민과 시도에 대해 알려드리는 것은 해드릴 수 있었습니다. 타인 역시 같은 문제를 가지고 있음을 아는 것만으로도 위로가 됩니다. 그들의 시도와 그 결과들을 알게 된다면 나의 삶 속 결정에 상당히 도움이 될 수 있습니다.

저와 짧은 시간 동안 깊은 공부를 함께 한 분이 본인의 새로운 항로를 정했다는 기쁜 소식이었습니다. 제 강연이 도움이 되었다는 말씀에, 저는 축하의 메시지와 함께 제가 한 일은 없고 스스로 답을 찾으신 것이라 전해드렸습니다. 사실 그러합니다. 제가 한 것은 그분의 문제에 귀를 기울이고 해결하기 위한 생각을 함께 해드린 것뿐입니다. 그것만으로도 도움이 될 수 있음을 저는 잘 알고 있습니다. 망망대해 속 작은 구명보트에 타고 있는 이에게 바닷새가 물고 온 작은 잎사귀는 희망이자 방향에 대한 확신이 될 수 있기 때문입니다.

BYOB(Bring Your Own Bottle)는 각자 마실 술을 들고 와서 함께 저녁을 들며 이야기하는 문화를 말합니다. 이처럼 각자의 문제를 들고 와서 함께 이야기해 보는 일도 흥미로울 듯합니다.

같이 푸는 문제는 더 멀리 볼 수 있으니 각자의 문제를 들고 만나는 것, BYOP(Bring Your Own Problem)는 어떨까요."

– 출처: 중앙일보 오피니언, 송길영의 빅데이터, 세상을 읽다, 2022년 1월 6일 자

노력이 결과로
바뀌기 위해

거쳐야 할
환멸의 계곡

세상은 고통으로 가득하지만
그것을 극복하는 사람들로도 가득하다.

헬렌 켈러

어느덧 노력의 힘에 관한 마지막 주제다. 무슨 일이든 자신이 하는 일에서 어떤 일이 벌어질지 아는 것이 중요하다. 노력도 마찬가지다. 대충이나마 어느 정도 시기에 어떤 형태로 어려움이 닥치게 될지를 아는 것과 모르는 것은 심리적으로 큰 차이가 있다.

언젠가, 열심히, 꾸준히
- 방법의 문제가 아니라 의지의 문제라고 최면을 거는 표현들

나는 의지와 노력에 대해서 심각한 의문을 품은 적이 있다. '과연 의지와 노력만으로 무엇이든지 가능할까'라는 지극히 평범한 자문에서 출발했다. 물론 그럴 수 있다. 하지만 나도 당신과 똑같았다. 의지와 노력만 있으면 가능할 것이라고 믿었고, 또 주변에서도 그렇게 이야기했다. 하지만 의지와 노력만을 강조하는 사람들을 살펴본 결과 2가지 특징이 있었다. ① 본인이 거둔 결과물을 반복할 수 있는 방법론이 정립되지 않았다. ② 실력보다는 운의 요소가 더 많이 개입되어 본인이 설명할 수 없는 상황이다.

나는 뭔가를 잘하고 싶다는 욕망이 많았던 어린 시절을 보냈다. 공부, 운동, 임원 3가지 정도만 예를 들어보자.

우선 공부부터 보면, 다들 열심히 공부하라고만 할 뿐 어떻게 해야 한다고 명확하게 설명할 수 있는 어른은 많지 않았다. 상위 10~20%에 속한 사람이 드무니 당연한 일일 것이다.

본인이 직접 겪었다면, 아무런 준비 없이도 그 과정에 대해 최소 1시간은 설명할 수 있다. 이것은 내가 생각하는 진짜와 가짜 구별법 중 하나이기도 하다. 똑같이 좋은 성적이라도, 자기만의 공부 스타일이 정립된 친구들은 말 그대로 자연스럽게 설명할 수 있었다. 하지만 학원이나 과외 덕에 좋은 성적을 얻은 친구들은 그렇지 못했다. 시키는 대로 해서 얻은 결과라서 그랬을 것이다.

성적이 잘 나오는 자기만의 방법론이 있으면 과외에서도 버는 금액이 다르다. 명문대라고 다 똑같은 과외비를 받는 게 아닌 이유도 이것 때문이다. 참고로 내가 기록한 월 최고 과외비는 1,000만 원이었다. 26살 때였던 것으로 기억한다. 학생의 실력이 최악이라 극약처방이 필요했는데, 내 과외의 가치가 최소 1,000만 원은 된다고 생각했다. 재수하거나 대학 간판을 낮춰야 하는 기회비용까지 따지면 저렴하다고 판단했다.

결국 그 학생은 원하는 대학에 갔다. 주변에서 기적이라고들 했는데, 단 3개월 만에 만든 결과였으니 그럴 만도 했다. 그때 방법이라는 문제를 해결하면 기적 같은 결과가 나올 수도 있다는 걸 깨달았다. 물론 열심히 하는 것도 아름답고 훌륭하다. 하지만 정확한 방법을 알면 시간과 노력이라는 파이프라인에 누수가 생기지 않는다.

결과라는 것은 시간과 노력이라는
2개의 파이프라인으로 만들어진다.
그런데 정확한 방법을 모르면
파이프라인에 누수가 발생하게 된다.

운동도 마찬가지다. 나는 여느 남학생처럼 운동을 굉장히 좋아했다. 좋아하는 정도를 넘어 '피가 끓는다'라고 표현하는 게 정확할 것이다. 그래서 잘하고 싶었다. 경쟁심이 커서 축구를 해도 더 많은 골을 넣고 싶었고, 농구를 해도 마찬가지였다. 한 경기를 뛰더라도 그냥 '열심히'가 아니라 '방법'을 적용하면서 뛰었다. 정확히 말하자면 머리를 쓰면서 즐기는 과정이었다.

예를 들어, 축구할 때는 늘 공격수였는데, 공격수의 역할은 골을 넣거나 골을 넣는 데 도움을 주는 것이다. 그래서 친구들과 재미로 하는 경기에서도 실제 시합에서 활용할 기술을 연마하는 데 초점을 맞췄다. 공격수는 공을 잡고 드리블 횟수가 늘어날수록 골을 넣을 확률이 줄어들기 때문에, 어떻게 하면 드리블을 최소화하면서 슈팅할지를 연습했다. 이렇게 생각하면서 경기를 뛰는 것과, 그냥 열심히 뛰는 것은 분명한 차이가 있다. 중요한 것은 의지와 노력이 아니라 방법의 문제라는 것이다.

"이 새끼는 축구를 뛰어도
머리를 쓰면서 축구를 하잖아.
근데 그게 맞는 거야."
- 국가대표 상비군까지 지낸 군대 동기의 말

임원도 마찬가지다. 초등학교 졸업 때까지 나는 한 번도 임원을 맡지 못했다. 부러워만 하다가 중학교 때부터는 방법을 고민하기 시작했다. 그 후 중·고등학교 시절에는 임원 선거에서 단 한 번도 떨어진 적이 없다. 그때 조금 느꼈던 것 같다. 대중의 심리를 움직일 방법이 있다는 것을 말이다. 그러다가 에드워드 버네이즈, 괴벨스라는 인물을 대학교 때 접하고 확신하게 되었다. '아, 이것도 방법이 있구나'라고 말이다. 보통은 다음 그림처럼, 시간과 노력에 따라 성장하면 원하는 결과가 나올 것이라고 믿는다. 정말 그럴까? 이런 믿음에는 큰 리스크가 있다.

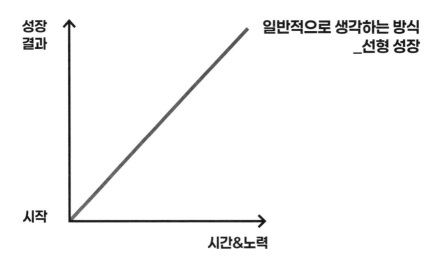

일반적으로 생각하는 방식
_선형 성장

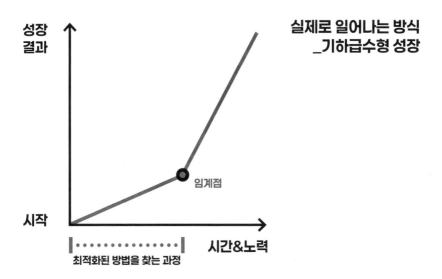

실제로 일어나는 방식
_기하급수형 성장

실제 결과는 앞 페이지 아래쪽 그림처럼 기하급수형으로 만들어지기 때문이다. 즉 성장과 결과는 정비례 그래프가 아니라 지수함수 그래프다. 여기에서 대부분이 포기하는 이유를 확인할 수 있다.

자, 이제 보일 것이다. 나는 다음 그래프의 빨간색 부분을 '환멸의 계곡'이라고 부른다. 결국 노력과 시간이 투입되더라도 기대와 현실의 갭이라고 할 수 있는 '환멸의 계곡'을 잘 버티며 성장해야 결과가 만들어진다는 걸 알 수 있다. 계속 버티고 노력하는 '존버(존나 버틴다의 줄임말)'만으로 결과가 나오는 게 아니라는 뜻이다.

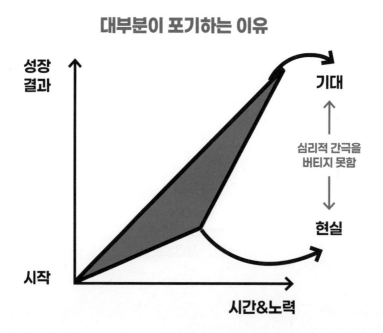

대부분이 포기하는 이유

정리해 보자. 노력을 결과로 바꾸기 위해서는 환멸의 계곡을 버텨야 한다. 기대와 현실 사이에서 벌어지는 심리적 간극을 버티지 못하는 사람이 많다. 이런 환멸의 계곡을 버티거나 단축하는 것이 바로 방법이다. 의지와 노력이라는 열정은 유한하다. 인간은 그런 존재다. 아무리 사랑하는 대상도 호르몬 유통기한은 2년이다. 아무리 좋아하는 음식도 매일 먹으면 오래 버티지 못한다.

마찬가지로 아무리 간절히 원해도 방법이 제대로가 아니면 버틸 수 없다. 그러니 현실이라는 세월의 풍파를 정면으로 맞고 싶지 않다면 의지와 노력 이전에 '전략'을 주기적으로 고민하자. 그게 바로 똑똑하게 노력하는 사람들의 특징이자 방법이다. 적어도 이 글을 보는 당신은 '무식한 노력'을 하지 않길 바란다. 무식한 노력은 전략이 있을 때만 유의미하니까 말이다.

"무식하게 노력하면
정말 무식하게 포기하게 될 거야."
- 과외할 때 자주 하던 말

Chapter
8

성찰의 힘,
행복하게
사는 방법

과거와
미래로 인한
괴로움에서

벗어나는
생각법

일 분 전만큼 먼 시간은 없다.

짐 비숍

흔히 시간을 말할 때 과거-현재-미래 순으로 표현한다. 시간에 대한 내 생각은 이렇다.

과거-현재-미래가 아니라, 그저 '지금까지-이 순간-앞으로'일 뿐은 아닐까. - 새롭게 정의해 본 시간 프레임

사업적으로 때로는 사회적으로 수많은 사람을 만나고 관찰하면서 느낀 점이 있다. '현재'를 살아가는 사람들이 드물다는 것이다. 이미 지나버린 과거의 기억과 고통 속에서 벗어나지 못했거나, 아직 오지 않은 미래를 걱정하며 불안해했다. '시간이 흐른다'라는 개념은 과학적으로도 옳지 않다는 것이 이미 증명되었다. 그런데도 과거와 미래 때문에 고통받는 사람이 참 많다. Chapter 8의 주제와 관련해 사람들이 자주 묻는 것이 2가지 있다. "지나간 일에 대해서 후회한 적 없나요? 앞으로 다가올 일에 대한 걱정은 없나요?" 이 질문에 답하면서 인생을 잘 사는 것은 무엇이고, 잘 존재한다는 것은 무엇인지를 생각하게 된다.

내 경우 '없다'라고 대답한다. 정확히 표현하자면 '(의미) 없다'일 것이다. 나도 사람인지라 후회나 걱정이라는 감정이 생긴다. 하지만 그 감정의 씨앗이 마음의 땅에 뿌리 내리기 전에 치워버린다. 그것도 되도록 빨리. 과거나 미래의 일로 싹튼 어지럽고 어두운 감정 자체를 차단해 버린다.

그게 되는 거냐고, 안 되니까 감정 아니냐고 하는 사람도 있겠지만, 연습이 필요하고 부단히 연습하면 된다. 사람들 대부분은 과거나 미래에 대한 부정적 감정의 씨앗을 외면하거나 방치한다. 그러면 씨앗은 우연히 내린 빗방울에 의해서, 혹은 누군가가 의도적으로 뿌린 물에 의해 결국은 깊게 자리하며 뿌리를 내리게 된다. 되도록 빨리 치워버리는 게 낫다.

나는 누구보다 행복해지고 싶다. 그래서 '지금' 행복한 것이 중요하고, '내가' 행복한 것이 중요하다. '지금'과 '내가'에 주목하자. 의사결정을 할 때 가장 중요하게 고려하는 것 역시 이 2가지이다. 행복을 유예하는 걸 좋아하지 않는다. 지금 행복해야 다음이 있는 게 아닐까. 누군가에게는 과정이 고통일지 모르겠지만, 내게는 과정 자체가 즐거움이다. 언제 끝날지 어떤 결과가 나올지 기대되기 때문이다. 지금 행복한 것이 최고다. 특히 내가 행복한 게 중요하다. 지극히 이기적이라서 나 자신이 행복한 걸 최우선으로 삼는다. 자기 자신이 행복해서 한 행동이어야 진심이라고 생각하기 때문이다.

다른 사람들을 관찰하면 실제로는 이기심이 가득하면서도 그것을 행동으로 옮기지 못한다. '지금 좀 참으면 나중에 돌아오겠지'라는 마인드일 것이다. 안타깝지만 참고 참다가 결국은 폭발하게 된다. '지금' 과 '내가'가 없는, 행복을 유예하거나 참는 의사결정은 결국 본전 생각이 난다는 데 문제가 있다.

누가 당신보고 참으라고 강요하지 않았다. 지금 행복하지 말라고 강요한 적도 없다. "내가 이렇게까지 참았는데…" 혹은 "이렇게까지 해줬는데…"라는 표현을 쓰면서 고민을 털어놓는 사람들이 있으면 나는 이렇게 말해준다.

"누구도 당신에게 그러라고 한 적이 없어요. 그리고 누구도 그럴 권리가 없죠. 온전히 당신이 결정한 사항 아닌가요?"
- 인내심을 넘어서면 하게 되는 말

한국 사회의 고유한 분위기 때문이라고 볼 수도 있고, 다른 요인으로 해석할 수도 있다. 원인이 중요한 게 아니다. 원인을 따지는 것 역시 과거 회귀적인 사고방식이다. 지금까지 그랬다고 앞으로도 그러라는 법은 없다. 그게 행복하게 사는 방식이다. 눈치 보고 행동하는 모든 행동의 주체는 바로 당신이다. 당신의 삶이고 당신의 시간이다. 그래서 나는 '천상천하 유아독존, 독고다이' 마인드가 있다. 이기적이라고 볼 수도 있다. 한국 사회에서는 '이기적 = 부정적 의미'로 사용된다. 하지만 우리 모두 이기적이다. 인간은 모두 일반적인 수준에서는 이기적인 존재다. 그 이기심을 통해 한국은 이렇게나 발전했고, 부자도 자수성가도 만들어진 것이다.

타인의 권리까지 침해하면서 누리는 이기심은 죄악이지만, 자신의 권리라는 테두리 안에서 누리는 이기심은 매우 중요하다. 대다수는 그렇지 못하다. 속으로는 이기심이 있으면서 철저하게 이타적인 '척'하며 살아간다. 시간이 지나도 이기심을 자제한 대가가 반대급부로 오지 않으면 사람 탓, 상황 탓, 조건 탓을 하기 시작한다. 단언컨대 내가 만난 부자 100여 명은 이런 마인드가 없었다. 삶을 살면서 겪는 문제, 인간관계, 연애, 사업, 결혼, 공부 등 모두 다 마찬가지다. 행복하게 사는 방법을 몰라서 생기는 문제가 아닐까 싶다. 그 행복의 핵심에 바로 '나 자신'이 있다는 걸 알아채야 한다.

이 책을 지금까지 읽어준 것에 감사를 전한다. 만약 당신의 삶에 고민이 있다면 언제든 만날 의향이 있다. 단언컨대, 고민의 크기에 따라 최소 50만 이상의 값어치는 할 것이다. 이 말을 듣고 머릿속에서 합리화와 부정의 프로세스가 돌아가면 어쩔 수 없다. 500만 원 이상의 컨설팅 비용을 내고 나를 만난 사람들이 이미 수십 명이다. 그들 스스로 포기하지 않는 이상, 나는 제자리를 지키겠노라 약속했다.

어떻게 그렇게 다양한 질문에 술술 답할 수 있는지를 묻기도 한다. 어떤 사안이든 원칙과 본질이 있으면 문제는 간단하다. 마치 수학 공식처럼 삶에도 인생 공식이 있다고 생각한다. 그 인생 공식의 최대 상수이자 변수는 바로 '당신 자신'이라는 사실을 기억하자.

과거-현재-미래의 프레임은 잊어도 된다. 과거는 없다. 지금까지는 인생이 별로였을 수 있다. 그럼, 뭐 어떤가. 지금부터 별로가 아니면 된다. 미래도 없다. 앞으로 어떻게 될지는 아무도 모르기 때문이다. 삶의 궤적이 어떻든 지금부터 고쳐 나가야 앞으로도 있는 것이다. 그리고 이 모든 생각의 핵심은 '지금' 그리고 '내가' 행복한가에 있다.

부자와 부자가 아닌 사람들을 겪으면서 사람은 이상한 행동을 많이 한다는 걸 알게 되었다. 더 많은 것을 꿈꾸고 바라면서도 '왜 나는 그렇게 살 수 없는지' 자기 자신을 설득하는 데 오히려 더 많은 시간과 에너지를 쏟는다. 당신은 절대 그러지 않길 바란다.

현답으로 가는
가장 빠른 길은

질문에 있다

실패는 그저 다시 시작할 기회일 뿐이다.
다음에는 좀 더 똑똑하게 처리하라는.

헨리 포드

행복하게 살기 위해 필요한 것이 많아 보일 것이다. 돈도 좀 있어야 할 것 같고, 좋은 사람들도 있어야 할 것 같고, 좋은 환경도 갖춰져야 할 것 같다. 하지만 이런 것들은 결과일 뿐 원인이 될 수 없다고 생각한다. 인생에는 정답이 없다. 오로지 현답만 존재할 뿐이다. 현명한 답을 만들고 찾기 위해 필요한 첫 번째 조건은 '질문'이고, 두 번째는 '실패'다. 성공이 아니라는 게 중요하다.

질문의 수준이 당신의 수준을 결정한다.
실패는 정답으로 가는 가장 빠른 길이다.
- 현답을 얻고 행복해지기 위한 핵심 2가지

당신이 얼마나 많은 질문을 하면서 살아가는지는 모른다. 하지만 높은 확률로 당신이 원하는 방향대로 인생이 흘러가고 있지 않다면, 한 가지는 확실하다. 제대로 된 질문이 아닐 가능성이 높다. 고수와 하수의 차이에 대한 내 생각이 궁금하다는 질문을 받은 적이 있다. 머릿속에 제일 먼저 떠오른 건 바로 이것이었다.

고수는 질문을 하는 데 더 많은 시간을 쏟고, 하수는 정답을 찾는 데 더 많은 시간을 쏟는 듯합니다.

고수와 하수의 차이를 하나 더 설명하자면 '실패를 대하는 태도'에 있다. 하수는 실패를 극도로 두려워한다. 마주하기 싫고 자신의 자존감을 깎아 먹는 현상으로 받아들인다. 고수는 정반대다. 실패가 아니라 왜 안 되었는지 원인을 찾는 데 집중하고, 결과적으로 성공에 한 걸음 더 다가선다.

이것은 현재 대한민국을 휘감는 방법론적인 맥락에도 정확히 부합한다. 'ㅇㅇㅇ하는 법'이라는 종류의 콘텐츠들을 보라. 그것을 보고 성공한 사람은 누구일까? 바로 그것을 생산한 사람과 그 생산물을 시장에 내놓은 사람, 딱 둘 뿐이다. 우스갯소리지만 부자들 몇 명과 대화하다가 이런 이야기가 나왔었다.

"스티븐 코비의 《성공한 사람들의 7가지 법칙》을 읽고 성공한 사람은 저자와 출판사 사장밖에 없을걸."

고수와 하수의 차이라고 했지만, 사실은 행복이라는 주제를 놓고 질문해도 같은 답이 나온다. 행복한 사람은 질문이 다르고, 실패를 대하는 태도가 다르다. 지금 가진 돈과 명예에는 전혀 상관없다. 돈이 아무리 많아도 행복하지 않은 사람도 많다.

왜 살아야 하고, 살고 있는지를 아는 것은 질문에서 시작된다. 인간도 그럴 텐데 하물며 인간이 만든 결과물은 오죽하랴. 기획을 잘하는 사람을 만날 때도 질문에서 차이가 난다. 돈을 잘 버는 사람도 질문을 잘 던진다. 어떤 종류의 능력이든 질문의 수준에서 결과의 차이가 날 수밖에 없다.

실패도 마찬가지다. 자신이 진정으로 원하는 것을 모른 채 시도하는 것은 실패로 끝날 가능성이 높다. 객관적인 지표와 상관없이 주관적인 마음의 문제다. 자신이 무엇을 원하는지에 대한 질문이 제대로 된 상태라면, 실패에 대한 부정적인 감정에 매몰되지 않는다. 실패도 그저 경험일 뿐이니까 말이다. 그리고 이런 마인드가 결국에는 시간을 자기편으로 만든다고 나는 믿고 있다.

정답과 성공만을 찾는 게 지겹지 않은가? 역발상으로 질문과 실패에 익숙해져 보자. 어느 순간 자연스럽게 당신은 정답과 성공을 마주보게 될 것이라 장담한다.

시간적
시야에 대한
단상

> ## 인간의 마지막 자유는
> ## 자신의 사고방식을 결정하는 데에 있다.
>
> **빅터 프랭클**

이것만 되면 소원이 없겠다고 생각한 적이 있을 것이다. 나도 그랬었다. 하지만 이제는 그런 생각 자체가 잘 들지 않는다. 이유야 단순하다. 소원이 없겠다는 그것을 하나씩 하나씩 성취하면서 얻게 된 경험이다. 이때 중요한 것은 '시간적 시야'였다. 지금 하는 일이 어떤 영향을 미칠지 얼마나 길게 보고 판단할 수 있는가가 행복하게 사는 중요한 능력이었다.

학창 시절에 공부를 열심히 하라는 기성세대의 말은 다양하게 해석될 수 있다. 그저 단순히 좋은 성적을 받기 위해서만은 아닐 것이다. 의도한 건 아니라도 열심히 공부하는 과정을 통해 자신도 모르는 사이에 점차 시간적 시야를 넓히는 연습을 하는 셈이다.

받아쓰기 시험은 하루 이틀 정도의 시간적 시야를 제공한다. 중간고사, 기말고사는 최소 한 달 정도의 시간적 시야를 제공한다. 수능은

일 년 정도다. 이런 과정을 거치면서 우리는 시간적 시야를 갖고 살아가는 지혜를 얻는 것이다.

다른 누구를 부러워한 지 꽤 오래된 것 같다. 원하는 만큼 돈을 벌고, 원하는 방식대로 살 수 있으니 그럴 거라고 하는 사람도 있겠지만, 동의하긴 힘들다. 왜냐하면 고통 속에서 얻은 깨달음이기 때문이다.

'이것'만 되면 소원이 없겠다? 그럴 리 없다. 그저 핑계일 뿐.

25살 때 이런 생각을 했었다. 월 1,000만 원만 벌면 소원이 없겠다고. 하지만 아니었다. 월 2천, 3천, 4천, 5천, 6천을 넘어가면서 소득 구간별로 생각이 달라진다는 걸 알게 되었다. 욕심과 핑계는 끝이 없다는 공통점이 있을 뿐, 부자들에게 물어봐도 비슷했다. 블로그도 그랬다. 상위노출만 되면 소원이 없을 것 같았지만, 아니었다. 세상에 그런 것은 없다.

고민 없고 걱정 없이 사는 건 결과가 나오기 전에 이미 결정되는 것 같다. 굉장히 목표 지향적이고, 성과 중심주의적이었던 나도 많이 변했다. 반복해서 자신을 의심하면 더 나은 방법에 대한 집착이 일어나게 된다는 것도 알게 되었다. 정석대로 가면 아주 자연스럽게 달성될 수밖에 없는 것인데도.

시간적 시야 역시 재능이 아니다. 그저 연습과 습관의 결과일 뿐이다. 그러니 인생을 둘러싼 여러 고민들, 마치 그것만 해결되면 만사형통할 거라는 생각은 애초에 버리는 게 현명하다. 당신은 얼마나 넓은 시간적 시야를 갖고 있는가? 시간적 시야(Time perspective)는 하버드 대학의 사회학자 밴 필드 교수가 성공한 사람들의 특징으로 규정한 단어다. 사회적, 경제적으로 성공한 사람들은 '장기적 관점'을 갖고 현재의 일을 결정하는 특징을 보인다고 한다. 앞에서 얘기한 시간을 내 편으로 만드는 3가지 전략을 기억하고 있는가?

① 다양한 대응 수단 확보
② 시행착오를 통한 개선
③ 최대한 빠르고 작은 시작
- 시간을 내 편으로 만드는 3가지 전략

최대한 빠르고 작은 시작을 강조한 이유는 단순하다. 장기적으로 할 수 있는 방법이라서다. 처음부터 거창하게 시작하면 시간적 시야를 가지기 어렵다. 한 가지 실험을 예로 들어보자. 시간적 시야를 갖는 것의 힘에 관한 예시다.

피실험자를 A와 B 두 그룹으로 나누었다.
그리고 각각 다른 질문을 던졌다.

여러분은 왜 건강을 유지해야 하나요?
- A 그룹에 던진 질문
여러분은 어떤 방법으로 건강을 유지하죠?
- B 그룹에 던진 질문

대답을 들은 후 A, B 두 그룹 구성원의 손 악력을 측정해 보았다. 실험은 '최대한 오래 잡고 있어야 한다'라는 조건을 내건 상태에서 진행되었다. 실제 손 악력보다 얼마나 더 참을성 있게 오래 버티는지를 알아보려는 의도였다.

결과는 어떻게 되었을까? 두 그룹에 던진 질문의 차이를 눈치챘다면 결과도 짐작할 수 있을 것이다. A 그룹은 '목적'을 생각하게 했다. 반면 B 그룹은 '구체적 방법'을 생각하게 했다. 질문 자체에 시간적 시야의 차이가 담긴 것이다.

결과는 놀라웠다. 목적을 생각한 A 그룹은 기준 악력보다 11초가량 오래 잡고 있었다. 반면 구체적 방법을 생각한 B 그룹은 4.9초 정도 더 오래 잡았다. 시야를 넓히는 것만으로도 인간이 발휘하는 힘의 차이가 2배 이상 벌어진 것이다. 이 외에도 과학적 실험의 증거는 차고 넘친다.

행복하게 살기 위해서 필요한 것은 눈앞의 결과가 아니다. 내가 만난 부자가 되기 위해 노력하는 사람들은 근시안적으로 바라보는 성향이 있었다. 하지만 부자들은 달랐다. 나도 이런 사실을 20대 후반에 깨우쳤다. 그래서 조급해하지 않고, 현재에 집중해 행복하게 사는 걸 더 중요하게 여기는지도 모르겠다. 인간의 마지막 자유는 자신의 사고방식을 결정하는 데 있다고 주장한 빅터 프랭클린의 말처럼, 언제나 선택은 당신의 몫이다.

결국에 가장
중요한 것은

자기
자신이다

어떠한 직업도 당신의 미래를 보장하지 않는다.
당신의 미래를 보장하는 것은
직업이 아니라 당신 자신이다.

빌 코스비

철학에 관심을 가지면서 인간이 살아가는 이유에 대해 깊이 고민해 본 적이 있다. 다들 다양한 동기와 원인이 있을 것이고, 목적과 목표도 각양각색이다. 하지만 큰 범주로 생각해 보면 모든 인간은 '행복'을 위해서 산다. 이번 장의 주제는 인생에 관한 것이며, 결국 내가 행복하게 사는 방법에 관한 것이다. 그 어떤 목표, 그리고 이를 달성하기 위해 활용하는 방법마저도 결국에는 자기 자신이 실천에 옮기는 것이다.

이따금 푸념하는 사람들을 만난다. "저 사람은 되는데 왜 나는 안 되는 걸까? 이 방법대로 성공한 사람들이 많다고 하던데, 난 왜 안 되지?" 답은 간단하다. 행위의 주체가 다르기 때문이다. 행위의 주체가 가진 마음가짐에 따라 결과가 예견된다고 해도 과언이 아니다. 마인드셋에 대한 뻔한 이야기를 또 하자는 게 아니다. 당신 자신을 행복하게 하는 것이 무엇인지를 명확히 알아야 한다는 걸 강조하고 싶었다.

거듭 강조한다. 나는 누구보다 행복해지고 싶다. 그래서 '지금' 행복한 것이 중요하고, '내가' 행복한 것이 중요하다. '지금'과 '내가'는 나의 의사결정에 가장 중요한 2가지다. 그래서 나는 최소한 '재미없으면 하지 않을 자유'는 누리고 살고 있다. 이것이 굉장히 중요하다.

'왜 사람들은 재미없는 걸 계속하는 거지?' 소싯적부터 이런 의문이 있었고, 어린 내 눈에는 그렇게 보였다.

재미가 없으니 신날 리 없다. 신이 나지 않으니, 마지못해 꾸역꾸역하게 된다. 되는 일도 안 되는 일로 흐르기 쉽다. 그래서 자기 자신에게 솔직해야 한다고 생각한다. 그래야 연애도 결혼도 잘할 수 있다고 본다. 나는 아직 미혼이지만 결혼 후 고민에 빠졌거나 말 못 할 고민이 있는 사람들의 공통점은 자기 자신에게 솔직해질 용기가 없다는 점인 것 같다. 어디 연애와 결혼뿐이겠는가.

수많은 사람과 이야기를 나누면서 느낀 공통점이기도 하다. 부자 100여 명은 굉장히 예의 바르게 솔직했다. 반면 부자가 되기 위해 노력하는 1,000여 명은 대부분 솔직해질 용기가 없었다. 상담 중에 눈물을 보이는 일도 잦았다. 자기 자신에게 솔직해질 용기가 없다면, 마음의 짐을 가득 지고 세상으로 나가는 것과 같다. 그 짐은 보이는 것보다 더 크고 잔인하게, 그리고 서서히 보이지 않는 영향력을 발휘한다.

자기 자신에게 솔직해질 용기
모든 문제의 실마리는 여기서부터 시작해야 하는 건
아닐까.

심리는 굉장히 중요하다. 최근에는 심리를 상대방을 파악하고, 이용하기 위한 수단으로 받아들이는 것 같아 안타깝다. 그럴 시간에 자신의 심리를 잘 아는 것에 집중하자. 내가 42억 계약을 제안받았던 것도, 45억 투자를 받을 수 있었던 것도 같은 맥락이다. 자기 생각이 상대방에게 전해지기 때문이다.

지인 중에 관상을 굉장히 잘 보는 사람이 있어서, 많은 설명을 들을 기회가 있었다. 나는 마음이 안색으로 드러나고, 눈빛에 드러나는 것이 관상이라고 생각한다. 눈을 마음의 창이라고 하지 않는가. 눈빛은 거짓말을 할 수 없다. 인간이 외부로 드러낸 신체 기관 중 가장 투명하기 때문이다. 그래서 자기 자신에게 솔직해지는 것이 중요하다. 게다가 당신 인생에서 가장 중요한 존재는 가족, 친구, 애인이 아니라 바로 당신이지 않은가.

당신이 행복해야 당신 주변 사람들을 행복하게 대할 수 있고, 그래야 관계도 원만해진다. 당신 자신에게 물어보자.

만 권의
책보다

더 중요한
이것

讀萬卷書 不如行萬里路
독만권서 불여행만리로
만 권의 책을 읽는 것은
만 리 길을 걷는 것만 못하다.

작자 미상

송나라에 한 농부가 있었다고 한다. 하루는 밭을 갈고 있는데, 토끼 한 마리가 나타나 냅다 달려가더니 나무에 머리를 들이받고 목이 부러져 죽었다. 이를 본 농부는 밭을 갈던 쟁기를 집어던지고, 그 나무만 지켜보고 있었다고 한다. 수주라는 고사에 나오는 이 농부는 결국 굶어 죽었다.

낡은 방식만을 고집해서 지키고
새로운 변화에 순응하지 못하는 태도
- 수주대토(守株待兔)

갑자기 수주대토 고사를 이야기하는 이유는 간단하다. '행동에 따른 경험의 중요성'을 말하기 위해서다. 나는 다소 집착증이 있고, 직접

287

경험하고 내린 결론이 아니면 함부로 말하지 않는다. 세상을 살아보면 나 같은 사람보다 아닌 사람이 더 많다는 걸 경험하게 된다. 어디서 주워들은 걸 원래 자기 것인 것처럼 떠벌인다. 더 배우고 더 알게 될수록 뭔가를 단정하는 게 어렵다.

몇 년 전까지만 하더라도 굉장히 확신에 차 있었고, 상대방에 대한 애정이 클수록 쓴소리도 마다하지 않았다. 애정의 범위는 넓었고, 문턱은 낮았다. 하지만 세월의 풍파를 맞아서 그런지 이제는 그러지 않는다. 애정의 범위를 좁히고, 문턱은 높이게 되었다. 그럴 필요가 없다고 느꼈다. 더 정확히 말하자면, 나에게 돈을 쓰거나 신뢰를 보이는 것에 비례해서 애정을 발휘한다.

돈 문제가 아니다. 아무리 좋은 이야기를 해줘도 사람이 바뀌기란 쉽지 않아서 그렇다. 직접 겪어봐야 아는 게 사람이다. 그래서 책을 많이 읽는 것도 마냥 좋게 보지 않는다. 책을 본다는 것은 생각을 바로잡기 위해서고, 궁극적으로 행동이 바뀌어야 의미가 있다. 1,000권의 책을 읽었다는 식으로 양에만 집착하는 사람이 많은데, 그게 무슨 의미가 있나.

책도 이유를 불문하고, 과거다. 당신은 현재를 살아가고 있고, 그래야만 한다. 그렇다면 책은 정답이 아니다. 당신의 생각을 바꾸지 않으면 독서는 그냥 책을 읽는 행위 그 자체로 끝날 뿐이다. 좋은 결과든 나쁜 결과든 직접 부딪치고 경험해 봐야 한다는 걸 강조하고 싶었다.

정보가 넘쳐나고 지식이 난무하고 있다. 왕조 말기에 늘 반복되던

민중봉기를 보는 듯한 느낌이다. 가끔 보면 어질어질할 때가 한두 번이 아니다. 그럴수록 중심을 잘 잡아야 함을 느낀다. 그렇지 않으면 지금, 내가, 어디로 가고 있는지를 모르고 살아갈 가능성이 높으니 말이다.

이 책을 여기까지 읽은 당신에게 감사한 마음과 더불어 경이로움을 표하고 싶다. 유명하지도 않은 사람의 말을 수백 페이지나 읽는 것도 적지 않은 인내심이 있어야 한다는 걸 안다. 여기까지 잘 읽어준 당신은 적어도 나에 대한 신뢰를 보여주었다고 믿는다. 그래서 약간의 직언을 보탠다. "여기 있는 내용을 단 하나만이라도 자기 것으로 만들어 보세요. 그래야 이 책을 읽은 보람이 있지 않겠습니까."

느꼈겠지만 나는 사고와 판단을 굉장히 중요하게 생각하는 편이다. 이유는 간단하다. 인간은 지금, 이 순간에도 나이를 먹고 있기 때문이다.

피지컬 vs 뇌지컬
- 나의 개똥철학

피지컬로 경쟁하는 것은 20, 30대에 끝났다고 본다. 아무리 잠을 줄이고 노력으로 경쟁하려고 해도 한계가 있다. 젊을수록 피지컬이 좋아서 괜찮지만, 나이가 들면 뇌지컬밖에 답이 없다. 이런 사실을 조금이라도 빨리 20대에 알고 적용한다면 무서운 차이가 벌어질 것이라 확신한다. 물론, 이미 적지 않은 나이라도 상관없다. 어차피 우리는 100세

시대를 살고 있다. 남은 인생의 상당 기간은 피지컬로 경쟁할 수 없다. 그래서 사고와 판단 능력을 키우고 행동하는 것이 무엇보다 중요하다.

근묵자흑, 유유상종이라고 했다. 누구와 어떤 이야기를 나누고 생각하는지가 정말 중요하다. 부자가 되기 위해서는 부자가 속한 모임에 가라고 하지 않던가. 하지만 나는 사고와 판단을 현명하게 잘하는 사람 근처로 가라고 하고 싶다. 그러면 돈은 자연스럽게 따라온다. 이런 생각을 공유하기 위해, 부자가 되고 싶어하는 1,000명의 호스트가 되고 싶다는 막연한 꿈이 있다. 그 파급효과가 궁금하기 때문이다. 인생은 외롭지만, 또 외롭지 않을 수도 있다. 그 모든 것은 우리 생각이 결정할 테니까.

에필로그를 앞두고 마지막 장으로 '행복'을 다룬 이유는, 이 책을 읽고 난 후 당신의 행복에 한 스푼이라도 도움이라도 되었으면 하는 바람이 있기 때문이다. 대면이든 비대면이든 소통할 자리를 마련할 생각이다. 빨리 가려면 혼자 가면 되지만, 멀리 가려면 함께 가야 한다는 말을 믿는다.

100명 vs 1,000명의
결정적 차이 3가지

敗莫大於不自知

패막대어부자지

실패의 원인 중에서 자신을 알지 못하는 것보다

더 큰 것은 없다.

《여씨춘추》 자지(自知) 편

　　나 역시 성공하고 싶었다. 학창 시절에는 공부를 열심히 해야 한다고 하길래 열심히 공부해서 좋은 성적을 거두었다. 사업이라는 것에 익숙한 성장환경 덕분인지, 진로희망 칸에는 항상 CEO나 경영 컨설턴트가 적혀 있었다. 법대에 진학한 이후에는 목표의 결이 달랐다. 그저 돈을 많이 벌고 싶었다. 가난하고 명예로운 법조인보다 덜 명예롭더라도 부유한 법조인이 되고 싶었다. 그렇게 돈을 잘 버는 방법에 대한 나의 갈망이 여기까지 올 수 있게 했는지도 모른다.

'개같이 벌어서 정승같이 쓰자.'
어쩌면 이런 생각이었을지도.

그렇게 열심히 살고, 주어진 일에 최선을 다하면서 살다 보니 인정받고 성과를 거두기 시작했다. 27살에 월 1,000만 원을 처음으로 넘겼고, 한때 억대 연봉도 달성했다. 그러자 어떻게 그렇게 할 수 있었냐고 주변 사람들이 묻기 시작했다. 개인적으로 공부하면서 느끼고 배운 것들이 참 많다. 대학 입학 이후에는 나름대로 이성을 많이 만나면서 연애라는 것에 관심을 가졌다. 운동이야 학창 시절 때부터 광적으로 좋아하고 열심히 했으니 말할 것도 없다. 그러면서 공부, 연애, 운동의 원리가 크게 다르지 않다는 걸 깨달았다.

① 자기 수준 파악하기
② 우선순위 설정하기(선택과 집중)
③ 끈기를 통해 실력 쌓기
- 공부, 연애, 운동 3가지의 공통원리

자기 수준을 제대로 파악하는 것은 굉장히 중요하다. 인생의 고통은 자기 자신을 모르는 데서 출발하지 않나 싶다. 나에 대해 잘 모르면 공부해도 성적이 오르지 않고, 연애에도 매번 실패하게 되며, 운동을 열심히 해도 인정받기가 쉽지 않다. 나에 대한 무지는 백번 강조해도 지나치지 않다. 재미있는 사실은 돈을 버는 일도 마찬가지라는 점이다.

부자 100여 명을 만나고 대화하면서도 바로 이 부분이 가장 인상 깊었다. 자신에게 솔직하고, 타인에게 이를 드러내는 데 거부감이 없다는 걸 느꼈다. 반대로 부자가 되기 위해서 노력하는 평범한 사람 1,000여 명은 달랐다. 남들이 좋다는 대로, 누군가가 조언하는 대로, 사람들이 대다수 선택하는 방향대로 흘러간다는 인상이 강했다. 원인은 자기 자신에 대한 무지였다. 그래서 솔직하지 못하고, 그래서 자기 확신도 떨어졌다. 아닌 척하고 살겠지만, 일대일로 만나 진솔하게 이야기하면서 하나하나 캐묻기 시작하면 이런 모습이 드러나는 경우가 많았다.

나는 원인을 외부로 돌리는 사람을 가까이하기를 주저한다. 그렇게 외부 상황에서 이유를 찾기 시작하면, 자기 잘못은 하나도 없게 되어버리기 때문이다. 자기방어적인 모습이다. 마찬가지로 외적인 것으로 자신의 정체성을 확인하는 사람도 가까워지기 힘들다. 비싸고 좋은 물건과 서비스만이 아니라 인맥을 드러내는 행동까지를 포함한다. 누구를 알고 있다는 건 하나도 중요하지 않다. 내가 똑바로 행동하고 온전해야 '황금인맥'도 의미가 있다. 제아무리 좋은 사람들이 주변에 있어도 자기 스스로 부족함을 느끼면 상대방에게 부탁하는 것이 쉽지 않다. 그래서 나는 무슨 일이 일어나면 그저 다 내 탓 같다. 과도한 책임감 때문인지 몹시 괴로울 때도 있다.

어쨌든 나는 아직도, 그리고 앞으로도 언제 끝날지는 모르지만 '자아 탐구' 중이다. 내가 어떤 사람인지, 어떤 성향인지, 그리고 어떻게 변화하고 있는지 나 자신을 향한 관심이 참 많다. 이렇게 된 것은 부모님 영향도 있다. 매년 초 학부모 상담이 있을 때면, 부모님은 담임 선생님께 매번 같은 부탁을 하셨다.

"그동안 지켜보시면서 찾은 우리 아들 단점 하나만 지적해 주시겠어요."

돌이켜보면 참 감사하다. 집에서는 좋은 자식이지만 남들 눈에 어떻게 보이는지 부모로서 알아야 할 책임이 있었다고, 그래서 매번 그렇게 물어보셨다고 이유를 말해주셨다.

언제부터인지 모르겠지만, 나는 스스로 할 수 있는 것과 할 수 없는 것을 구분하는 습관이 있다. 이 습관은 선택과 집중이라는 우선순위를 설정하는 데 상당한 도움이 된다. 그래서 아무리 좋은 기회라고 하더라도 스스로 준비되어 있지 않다고 판단되면 선뜻 수락하지 않는다. 몇 년 전 42억 계약서를 제안받고도 최종적으로 사인하지 않은 이유도 이것이다. 최근엔 45억 투자를 제안받았지만, 공격적으로 뛰어들지 않았는데, 그 이유도 마찬가지다. 내 돈이 아니라고 아무렇게나 할 수는 없기 때문이다.

어떤 자기계발 강의나 책을 봐도 비슷하다. 직접 만나본 부자들 역시도 표현은 다르지만 다 똑같았다. 자기 자신에 대해 잘 모르겠다면, 그런 이야기를 나눌 수 있는 사람을 곁에 두어야 한다. 그래야 선택과 집중이 의미 있다. 그런 우선순위가 설정되어야 꾸준히 할 수 있고, 그렇게 시간이 흘러 실력이 되는 것 같다. 마치 물 흐르듯 자연스럽게 말이다. 억지스럽게 만든 결과물은 원점으로 돌아가며, 자연스럽게 만든 결과는 그 자체로 온전하다. 당신 역시도 다음 3가지를 잘 곱씹으면서 행복하게 부자가 되고, 행복하게 성공하길 바란다.

① **자기 수준 파악하기(나에 대한 무지 없애기)**
② **우선순위 설정하기(선택과 집중)**
③ **끈기를 통해 실력 쌓기**
- **행복하게 성공하기 위한 3가지 본질**

벼랑 끝에서,
막막할 때 도움이 되었던
생각들

인류(그리고 동물도)의 오랜 역사 속에서,
가장 효율적인 협력과 대처를 배운 이들이 가장 번성했다.
찰스 다윈

이 책을 읽기 시작한 동기야 각양각색이겠지만, 궁극적으로는 지금보다 조금이라도 더 나은 삶을 살고자 하는 바람 때문일 것이다. 그렇지 않고서는 몇백 페이지가 넘는 내용을 진득하게 보기란 쉽지 않을 테니까. 코로나가 휩쓸고 간 지난 시간 동안 우리 사회는 참 많은 것들이 변했다. 단순히 현상적인 어려움보다 미래에 대한 막막함이라는 심리적인 어려움이 더 크지 않을까 싶다. 나한테도 답답한 시기가 종종 찾아온다. 그럴 때마다 2가지 질문에 답하면서 버티는 힘을 얻는다. 첫번째 질문은 이것이다.

정확히 한 달 뒤에 생을 마감해야 하는 상황.
만약 일을 하면서 시간을 보내야 한다면
나는 무슨 일을 하면서 보내면 행복할 것인가?
- 당장 한 달 뒤에 죽는다는 가정법

단순히 하고 싶은 걸 하다 죽는다거나 돈을 펑펑 쓰다가 죽는다거나 식의 답변은 삶에 도움이 되지 않는다. 어쨌든 우리는 일하면서 살아가야 하는 존재니까 말이다.

내 경우 몇 년째 이 질문에 대한 답이 비슷하다. 내가 일하는 이유와 목적은 아주 단순하다. 어떤 때 행복한지도 알고, 어느 상황에서 희열을 느끼는지도 잘 알고 있다. 그래서 정말 힘든 시기라도 버틸 수 있는지도 모른다. 소위 '뽕 맞는다'라고 하지 않던가. 대표적인 것 중 하나가 바로 대화나 말하는 자리다.

개인적으로는 지극히 조용한 편인데, 다른 사람 앞에 서서 말하는 멍석이 깔린 상황을 좋아한다. 대화 코드가 맞는 사람들과 함께 생각을 나누는 것도 좋아한다. 그래서 한 달 뒤에 죽더라도, 누군가의 앞에서 말하거나 대화하는 직업군을 선택할 것이다.

사실 가끔은 신기하다. 나를 찾아와 고민을 털어놓는 분들의 연배는 나보다 높은 편이다. 나중에 내가 그럴 수 있을지를 생각해 보면 역시나 쉽지 않다. 그래서 감사한 마음에 더 열정적으로 말하게 되는 것 같다. 당신이 좋아하는 게 뭔지 모른다고 걱정할 필요 없다. 당신에게도 하나쯤은 분명히 있을 것이고, 그것을 찾기만 하면 된다. 두 번째 질문은 다음과 같다.

지금 나의 문제에 귀를 기울이고 생각을 함께 나눌 사람은 누구인가? 문제에 대한 답을 얻는 것보다 그런 존재가 있는 것만으로도 큰 도움이 된다.

나는 대화를 통해서 삶의 고민을 해결하는 편이다. 스트레스 완화에 굉장히 도움이 된다. 마음 맞는 사람과 대화하면 시간이 어떻게 지나가는지도 모를 정도다. 의외로 다른 사람들에겐 그럴 대상이 없다는 걸 듣고는 깜짝 놀랐다. 컨설팅 중 고민을 털어놓는 사람들이 고맙다는 말을 자주 한다. 같은 영역이 아니라서 이해하지 못할 줄 알았는데 의외로 대화가 잘 통한 덕분에 답을 얻고 방향성을 얻었다고 말이다. 사실 여부와 상관없이 그 말씀만으로도 감사하다.

대화하고 강연하고 강의하는 것이 즐겁다면 혹시 나, 관종?

'가장 효율적인 협력과 대처를 배운 이들이 가장 번성했다'라는 찰스 다윈의 말을 빌리지 않아도 우리는 이미 알고 있다. 삶은 혼자 가는 게 아니다. 당신이 힘들고 고민이 생겼을 때 이야기를 나눌 사람이 필요하다면 나는 언제든 환영이다. 그런 존재가 삶에 얼마나 큰 힘이 되는지를 잘 알고 있기 때문이다. 그런 사람들이 찾아 꼭 함께하길 권한다. 전국 각지에서 나를 찾아오는 사람들이 있다. 이 시에 담긴 마음으로 당신과 있을 언젠가의 만남을 기대한다.

**사람이 온다는 건
실은 어마어마한 일이다.
한 사람의 일생이 오기 때문이다.**

시인 정현종 《방문객》

역발상 전략,
그리고
나답게 존재하기

당신이 목표를 아주 높게 잡는다면,
완전히 실패하기란 매우 어려울 것이다.

래리 페이지

    이 책을 쓰게 된 동기는 내 생각과 관점을 정리하기 위해서였다. 삼십 대 중반에 문득 이런 생각이 들었다.

그동안 이뤄왔던 것들과
이를 이룰 수 있던 원인에 대한 내 생각을 정리해 보자.
- 책을 쓰겠다고 다짐한 이유

또래와 비교했을 때 능력에 비해 금전적으로 과분한 호사를 누린 것 같다. 돈을 벌어야겠다고 마음먹고 이루지 못한 적은 없었다. 단 하루 만에 순이익 4천만 원을 벌기도 했고, 프로젝트 중에는 그 이상을 벌기도 했다. 그러나 한편으로는 외로웠다. 기쁨을 진정으로 함께할 사람이 많지 않다는 쓸쓸함이 가장 컸다. 고리타분하지만 슬픔은 나누면 반이 되고, 기쁨은 나누면 배가 된다는 말이 맞는 것 같다.

그래서 나누고 싶다. 재능이라면 재능이고, 성과 혹은 노하우라면 그렇게 말할 수 있는 것들을 말이다. 내가 직접 성과를 내는 것도 좋지만, 믿고 함께하는 사람들이 이루는 것을 보는 것도 기쁘겠다는 생각이 들었다. 지금까지 그래왔듯이 체리피커나 블랙컨슈머 같은 얌체족들이 또 나타날 것이다. 그에 대한 대응방식도 이미 정해두었다. 나는 준비되었고, 두려울 것도 망설일 것도 없는 상황이다.

이미 투자받거나 추진해야 할 사업계획들이 있으니 방법론적인 강의를 직접 할 시간은 점점 더 드물어질 것이다. 그러니 책을 통하고자 한다. 내가 알고 있는 방법을 다른 사람이 적용하고 성과를 거둘 수 있다면, '우리'가 이룬 것이니 보람 있을 것이다.

당연히 주변에서 말리는 사람이 있다. 왜 굳이 그래야 하냐고, 아깝지 않냐고 말이다. 나의 대답은 '전혀 그렇지 않다'이다. 나는 큰 그림을 그리려고 다짐했고, 하나씩 실현해 나갈 것이다. 누구는 비관적으로 바라보고, 누구는 걱정 어린 시선으로 바라볼 것이다. 하지만 모두가 자신의 이익을 추구하고, 혼자서 빨리 치고 나가려는 이 경쟁사회에서 다시 한번 역발상을 꿈꾼다. 빨리 가는 것보다 멀리 가고 싶어서다. 그리고 그게 나 스스로 나답게 잘 존재하는 일이라 굳게 믿는다.

이 책이 세상에 나오게 되는 시작점에서 당신이 이 글을 보고 있다는 사실만으로도 기쁘다. 뜻이 맞으면 함께했으면 하고, 설령 그렇지 않더라도 조그마한 응원이라도 해준다면 감사할 일이다. 그 무엇보다 당신 스스로 잘 존재하는 삶을 살기를 진심으로 응원한다.

"비록 실제 일어난 일이더라도, 그것이 한 개인의 체험과 관련된 경우에만 중요한 의미가 있다."

매일 바쁜 당신은 왜 아직도 가난한가

2024년 12월 11일 초판 1쇄 인쇄
2024년 12월 18일 초판 1쇄 발행

지은이 | 이현호
펴낸이 | 이종춘
펴낸곳 | (주)첨단

주소 | 서울시 마포구 양화로 127 (서교동) 첨단빌딩 3층
전화 | 02-338-9151
팩스 | 02-338-9155
인터넷 홈페이지 | www.goldenowl.co.kr
출판등록 | 2000년 2월 15일 제2000-000035호

본부장 | 홍종훈
책임편집 | 문다해
편집 | 한슬기
교정 | 주경숙
표지 디자인 | 유어텍스트
본문 디자인 | 조수빈
전략마케팅 | 구본철, 차정욱, 오영일, 나진호, 강호묵
온라인 홍보마케팅 | 신수빈
제작 | 김유석
경영지원 | 이금선, 최미숙

ISBN 978-89-6030-641-7 03320

• BM 황금부엉이는 (주)첨단의 단행본 출판 브랜드입니다.

황금부엉이에서 출간하고 싶은 원고가 있으신가요? 생각해보신 책의 제목(가제), 내용에 대한 소개, 간단한 자기소개, 연락처를 book@goldenowl.co.kr 메일로 보내주세요. 집필하신 원고가 있다면 원고의 일부 또는 전체를 함께 보내주시면 더욱 좋습니다. 책의 집필이 아닌 기획안을 제안해주셔도 좋습니다. 보내주신 분이 저 자신이라는 마음으로 정성을 다해 검토하겠습니다.